ELI MARTÍNEZ

CREA UNA VIDA A TU MEDIDA

ELI MARTÍNEZ

CREA UNA VIDA A TU MEDIDA

Descubre el método Ser Uno para desarrollar todo tu potencial

alamah

Crea una vida a tu medida
Descubre el método Ser Uno para desarrollar todo tu potencial

Primera edición: febrero, 2019

Éste es un método de autoayuda que produce maravillosos resultados y grandes beneficios. Pero no es excluyente de un proceso terapéutico o médico en caso de ser necesario. La persona que lo lee asume el 100% de la responsabilidad por su salud física y mental. Este método ayuda a mejorar la vida emocional y espiritual de las personas, no es un sustituto de los servicios de un profesional de la salud. La editorial y yo no nos hacemos responsables del mal uso de este libro.

ISBN: 978-607-317-540-1

Impreso en México – *Printed in Mexico*

El papel utilizado para la impresión de este libro ha sido fabricado a partir de madera procedente de bosques y plantaciones gestionadas con los más altos estándares ambientales, garantizando una explotación de los recursos sostenible con el medio ambiente y beneficiosa para las personas.

Penguin
Random House
Grupo Editorial

A mis hijos, quienes han sido mi motor
desde que los concebí.
A mis padres por darme la vida
y su apoyo incondicional.
A mi hermana Paty por ser mi mejor amiga, mi
apoyo y cómplice en todas mis aventuras.
A Marta, Lelia, Lupita y Pili por ayudarme a
recuperar mi vida y a encontrar mi pasión.
A mis amigas queridas de quienes
he recibido amor, apoyo
y solidaridad en momentos muy difíciles.
A todos mis pacientes y alumnos
por su confianza.
A mi querido ángel José Agustín, que me abrió
las puertas para este libro.
A mis maestros voluntarios e involuntarios.
Especialmente a ti, Eric, que has sido el
motivador de tantas cosas hermosas en mi vida.
A ti, Señor, porque sin ti no lo hubiera
logrado… ¡Gracias!

ÍNDICE

PRÓLOGO

Es un gran honor hacer el prólogo de un libro, más cuando la autora es una gran bienhechora que dedica su existencia a proveernos de herramientas para transformar nuestra vida.

Antes que nada, este libro es un acto de generosidad, valentía y humildad de parte de Eli, pues nos comparte los recursos que le permitieron renacer como el ave fénix de sus cenizas. A través de la lectura, nos acompaña de forma amorosa por el arduo camino que recorrió para convertirse en una exitosa profesional y gran ser humano. La maestría con la que nos guía por este fascinante viaje nos muestra su gran conocimiento de los temas que aborda, lo cual le confiere al texto una gran credibilidad y nos brinda la confianza para internarnos en este complejo y misterioso universo.

El libro refleja mucho de su individualidad, de la vocación hacia su desarrollo personal y la preocupación por el crecimiento de los demás. Muestra el equilibrio entre la capacidad de conceptualizar de su hemisferio izquierdo y la sensibilidad e intuición del hemisferio derecho, el balance entre los aspectos teóricos y prácticos. La energía del libro transmite la pasión y el cariño con los que lo escribió.

Este texto es fácil y difícil de leer. Es fácil porque, a pesar de abordar temas complejos, su narrativa directa, pródiga, amena y didáctica hace que sea muy comprensible. Es difícil porque los planteamientos y ejercicios propuestos son tan profundos, enriquecedores y confrontantes que nos obligan a detenernos en el camino para poder digerirlos.

Otra de sus grandes virtudes es que el material, al ser un método, está diseñado para algo mucho más ambicioso que una simple lectura. Está estructurado para estudiarlo y trabajar en él.

La metodología se fundamenta en las teorías más vanguardistas en el ámbito del comportamiento humano: constelaciones familiares, kinesiología, biodecodificación, neuroinmunología, Gestalt y física cuántica.

Su enfoque es multidimensional porque contempla la elaboración de factores internos y el desarrollo aspectos externos. El proceso que sugiere inicia con el trabajo de las heridas del pasado, la autoestima, las creencias, las emociones, la influencia del sistema familiar, hasta arribar a temáticas como el manejo de las crisis, el sentido de tu vida, las pasiones y los talentos, y culmina en cómo generar abundancia en el terreno productivo y laboral. En resumen, diría que el gran mérito de Eli consiste en hacerte una poderosa propuesta que te permitirá reinventarte y alcanzar la mejor versión de ti.

Para quienes inician el camino de la superación personal, este material constituye una verdadera enciclopedia que les ahorrará tiempo, dinero y esfuerzo en la aventura de su crecimiento. De hecho, si ella hubiera leído este texto al momento de iniciar su travesía por los mares del crecimiento emocional, espiritual y afectivo, sin duda habría avanzado con mayor rapidez en sus propósitos. Pero en su caso, en esa búsqueda descubrió sus talentos y misión de vida, la cual consiste en facilitarnos el camino en dos acepciones de la palabra: hacérnoslo fácil y convertirse en una facilitadora para sus seguidores. Quiero honrar el momento en que decidió activar su buscador para localizar la información que alimentó a su sabio interno, ya que impulsó a su guerrera para convertirse en una líder experimentada.

Cuando los lectores nuevos en este campo terminen el libro, podrán decidir si emprenden la misma ruta que Eli o sólo toman las prácticas y los conceptos más adecuados para sus procesos. Es un hecho que este rico mosaico de información les simplificará de manera significativa el recorrido de su viaje hacia la evolución.

Por otra parte, para las personas que conocen estos temas y para quienes nos dedicamos a la ayuda psicológica, este material representa un manual, un tratado que nos permite repasar, revalorar y profundizar los temas.

Sin lugar a dudas, este libro ocupará un lugar muy relevante en nuestra biblioteca, mente y corazón.

Gracias, querida Eli, por tu inmensa aportación al mostrarnos un valioso camino para aprender a Ser Uno consigo y con los demás.

RUBÉN GONZÁLEZ VERA

INTRODUCCIÓN

Tras iniciar cinco veces este primer libro, sin encontrar cómo plasmar mis ideas, confundida entre lo que quería mostrar, los temas a tratar y cómo abordarlos, por fin un día me llegó la claridad. Descubrí que quería ayudar a otras personas a lograr lo que yo había conseguido a lo largo de estos años en el camino del Desarrollo Personal; es decir, pasar de una vida llena de miedos, culpas y sufrimiento a una abundante de alegría, amor, gozo, paz, vitalidad y propósito. Parece un sueño, ¿verdad? Pues no lo es. ¡Es real! Yo lo experimenté. Este libro es el cúmulo de muchos años de estudio e investigación, de mi experiencia personal y también de mi experiencia con muchos pacientes y alumnos que transformaron su vida de manera radical.

Nací en una familia típica mexicana de clase media, tenía todos los elementos para crecer con una autoestima alta, pero en realidad no fue así... Recuerdo que estaba llena de alegría y ganas de explorar el mundo hasta los cuatro o cinco años, pero a partir de ahí comencé a encerrarme en mí, sentirme insegura, tener miedo al rechazo, a no hacer bien las cosas y a no expresar mis pensamientos y sentimientos.

Por desgracia, como dice Bert Hellinger, "somos víctimas de víctimas". Ahora comprendo que los padres estamos para traumar a los hijos... y lo hacemos muy bien.

En sexto de primaria, cuando todos los grupos de amigos están formados y han crecido juntos durante cinco años, me cambiaron de escuela. Me sentí más insegura, subí de peso, me aislé y sentí que no le importaba a nadie. Al final, lo manifesté a través de la compulsión por la comida y la falta de amistades. Durante las noches veía sombras y figuras que me aterraban (hoy estoy consciente de que ese miedo ante la vida en el día lo manifestaba en la noche). En pocas palabras, estaba muy avergonzada de ser quien era. Me sentía gorda, fea e insignificante, diferente a las demás personas, como si ellas conocieran o fueran algo que yo no.

Oculté todas mis emociones y necesidades, aprendí a ser la que no pide, no da problemas, la que ayuda, es buena y obedece. Viví en el más profundo aislamiento y soledad... Afortunadamente, mi maestra sí se dio cuenta (aunque nunca lo habló conmigo) y en secundaria me cambiaron de salón. Crecí físicamente (por suerte) y eso me ayudó a bajar de peso. También hice amigas: buscaba a las nuevas alumnas, inseguras como yo, porque no me sentía merecedora de llevarme con las "populares". En preparatoria fue distinto, me permití ser más libre, tuve mis primeros amores y aparentaba seguridad. Todo el mundo decía que era guapa, pero no lo creía, pensaba que estaban ciegos, aunque les hacía pensar que lo creía. En esa época ya me había creado una máscara bastante fuerte para sentir que pertenecía a este mundo. Mi EGO ya tenía las dimensiones descomunales para aparentar ante los demás lo que creía que esperaban de mí.

Cuando entré en la universidad volví a callar mis necesidades, miedos y frustraciones, me hice la rebelde, lo cual me llevó a cometer muchos errores, a lastimarme y a herir a las personas que amo, a pasar momentos complicados y dolorosos. Como no me sentía digna de ser amada, me enamoraba de alguien que lo reflejara. Me sentía víctima de las circunstancias y temía reconocer que había entregado mi poder a los demás, porque no quería responsabilizarme de mi vida. Mientras otros fueran los culpables de mi malestar, seguiría siendo la víctima. Me aterraba el cambio: representaba perder algo que me daba seguridad, en vez de la aventura de lo nuevo (qué tal si me arrepentía del cambio, qué tal si me equivocaba de decisión, qué tal si...).

Por suerte, si no entiendes por las buenas, la vida te hace entender (sus lecciones no son tan facilitas). En ese tiempo estaba casada y con hijos. Entré en una profunda depresión porque ya estaba muy cansada de luchar. Si no hubiera sido por mis niños, no habría tenido la fuerza de salir de esa situación. Lloraba todos los días, en soledad, claro, porque eso de pedir ayuda y confesar lo que vivía, ¡jamás! ¡Qué vergüenza! ¡Qué pensarían de mí! ¡Qué pena que los demás conocieran las situaciones humillantes que soportaba! Yo siempre era la fuerte, la que ayudaba a los demás, la sabelotodo... Cuando somos necios seguimos tropezando de muchas maneras. Hasta que, por fin, un día en la regadera, mientras me contaba la misma historia diaria de dolor, escuché una voz en mi cabeza que dijo: "Eli, sólo tienes dos opciones: tocar fondo o salir a flote, ¿qué decides?"

Gracias a ese llamado interno, reconocí que necesitaba ayuda, que no podía más con esa situación y que debía salir adelante por mis hijos (el motor de mi evolución y a quienes agradezco no sólo por soportarme en aquella época, sino por ser mis grandes maestros de vida). Hoy por hoy sé que también ellos vivirán sus experiencias y tomarán sus decisiones para evolucionar. No podemos retroceder el tiempo, pero sí reparar ciertas cosas de la mejor manera posible, tratando de ser un mejor ejemplo para ellos, enseñándoles que aunque te equivoques puedes aprender de los errores y levantarte, sintiéndote más fortalecido y confiado cada vez.

Esta crisis me llevó a "mi casa" en Tabasco, un centro de desarrollo humano llamado Cesum. Ahí, cuatro mujeres maravillosas me ayudaron a recuperar mi vida y encontrar mi verdadera pasión: la psicoterapia. Siempre agradeceré sus enseñanzas, cariño y apoyo en los momentos más difíciles. Recuerdo que en las primeras clases escuchaba las historias de mis compañeras y pensaba: "¡Qué valientes! ¿Cómo se atreven a hablar de sus intimidades sin pena?" Un día mi querida maestra Lelia estaba explicando algo, no recuerdo exactamente qué era, y cuando se acercó a mí con mucho amor y empatía ya no pude más... fue como si se abriera una cloaca de mierda y no pudiera dejar de hablar. Mis compañeras me miraban asombradas porque, después de nunca decir nada de mí, expresé todo lo que estaba viviendo.

A partir de ese momento no me he callado, ya que aprendí que no pasa nada. Las relaciones sólo se pueden dar ahí, en la aceptación sin juicios, justo cuando los demás comienzan a mostrarse vulnerables con nosotros. Es algo mágico. Entendemos que todos tenemos una historia, algunas más dolorosas que otras, pero todos necesitamos sentirnos comprendidos y aceptados por los demás.

Tiempo después, en la ciudad de Querétaro (donde vivo actualmente), entré al Instituto Utopía Gestalt a estudiar conductas de riesgo y descubrí que era codependiente, lo cual para mí fue un gran alivio porque entendí las razones por las que me costaba tanto trabajo soltar mis apegos y dejar una relación muy dañina para mí. Aprendí que estaba obsesionada con cambiar el comportamiento del otro para no transformar el mío, enamorada de una ilusión en lugar de querer aceptar la realidad (porque era más dolorosa que la ilusión), me vi haciendo cualquier cantidad de estrategias de control y manipulación para permanecer en un falso equilibrio. También me di cuenta de que había pocos terapeutas que abordaran todo esto cuando es un asunto emergente para las relaciones actuales, así que me especialicé en el tema para apoyar a otras personas a recuperarse de la adicción afectiva o codependencia. Comprendí que siempre había hecho la vida que podía, no la que quería.

Después ingresé a una técnica que transformó mi vida, llamada Resonance Repatterning©, de mi querida maestra Chloé Faith Wordsworth, entre otros muchos cursos, entrenamientos y técnicas que me han clarificado cada vez más. En Un Curso de Milagros encontré una filosofía espiritual que me generó mucha paz porque me liberó de la culpa. Mi *hobby* es estudiar e investigar. La vida me llevó no sólo a dar terapia, cursos y conferencias a nivel nacional e internacional, sino también a los medios de comunicación (radio y televisión). Colaboré con diversas publicaciones y tuve la fortuna de entrevistar a grandes especialistas de diferentes partes de México y el mundo. Puedes ver estas entrevistas en mi canal de YouTube: Eli Martínez Ser Uno.

Me considero una guerrera incansable, muchas veces estuve a punto de tirar la toalla pero me levanté. La vida, Dios, el universo, la energía o como quieras llamarlo, me manda siempre los recursos que necesito para salir adelante y evolucionar, ya sea a través de un libro, un artículo, una persona (esos ángeles en la tierra que orientan, apoyan y enseñan), un video, una oportunidad o cualquier otra cosa. Aprendí a "confiar" en el proceso de la vida tal cual es, a entregarme a ella al cien por ciento y hoy te puedo decir con orgullo que, sin lugar a dudas, todo el viaje valió la pena. No me arrepiento de nada y aprecio todo. Aprendí de mis errores y seguiré aprendiendo porque a eso vine. Sé que aún tengo muchas cosas por vivir, experimentar y aportar, pero mi compromiso ahora es servir humildemente a través de mis experiencias. Quiero llegar a un mayor número de personas cada día; darles herramientas sencillas para que su vida mejore en todos los sentidos; ayudarlas a recuperar su poder personal, desarrollar su potencial y que contribuyan a mejorar la calidad de vida de quienes las rodean. No es un libro mágico ni la panacea, me queda muy claro. Sólo es un camino más de los muchos que te pueden ayudar. Sé por experiencia que cada quien crece a su ritmo y a su tiempo. Y el que no quiere crecer no lo hace, lo cual también es muy válido. Al final, cada quien decide cómo quiere vivir...

Tengo la fortuna de ejercer una profesión que me permite ser testigo de muchas transformaciones positivas en los demás. Muchas veces me he conmovido con las historias de alumnos y pacientes al ver cómo empiezan a florecer en sus vidas y a desplegar las alas. Aquí incluyo varias historias que dejaron huella en mí y agradezco a todos por enseñarme tanto con su ejemplo. Espero que este trabajo también sea de utilidad para ti, como lo ha sido para otros.

Me queda muy claro que el crecimiento personal es una decisión, pero sé que muchas personas no tienen dinero para pagar un curso o no se atreven a pedir ayuda. Yo pasé por ello. Por eso, el presente método consta no sólo de experiencias, sino de herramientas sencillas, recomendaciones de lecturas, videos y ejercicios prácticos para que trabajes desde casa y comiences a percibir en carne propia cambios sorprendentes a nivel cognoscitivo, emocional y vibratorio, ya que trabajarás con tu campo electromagnético. ¡Recuerda que somos energía pura! Y como bien decía Einstein: "La energía no se crea ni se destruye, sólo se transforma".

Mi propósito en la vida es ayudar a los demás a reconocer y reconectarse con su SER para que puedan desarrollar todo su potencial. Partir del SER para que puedan HACER y, por último, TENER. Que descubran para qué están aquí y que vivan con pasión, energía y plenitud. Es importante mencionar que la transformación en tu vida no se dará hasta que cambies tú, hasta que te conviertas en esa persona capaz de lograr resultados extraordinarios. Quiero que sepas que *todos* los problemas que hoy tienes (sean de la índole que sean) son tu creación y tu responsabilidad. El mundo físico primero se crea en el mundo no físico. Por lo tanto, sólo cambiarás tu vida al cambiar tú. Somos nuestras creencias. Vivimos todo el tiempo nuestras creencias, nuestros programas ya establecidos, y las proyectamos al mundo. En pocas palabras, tu realidad es un reflejo de tu estado interno.

Al saber esto, es lógico pensar que puedes proyectar una realidad mucho mejor.

Muchas personas no saben que, si bien los pensamientos nos impactan para crear nuestra realidad, las emociones nos hacen esclavos de esa realidad porque tienen una mayor carga energética que afecta nuestro cuerpo. También emitimos a través del campo electromagnético del corazón hacia el universo, el cual es un espejo que a todo lo enviado dirá SÍ, para bien o para mal. Si mandas miedo, generarás más situaciones de miedo; si fluyes culpa, igual; si emites amor o alegría, lo mismo... Es decir, las emociones son nuestras grandes aliadas o nuestro peor enemigo, por eso es fundamental ser conscientes de ellas y aprender a manejarlas. En particular, encontré tres demonios emocionales (por las implicaciones que tienen en nuestra vida): *vergüenza*, *culpa* y *miedo*, que te dañan y al final lastiman a los demás, es decir, nos llevan a la destrucción. Estas emociones nos paralizan, nos hacen creer que somos poco merecedores, poco capaces, poco valiosos, poco dignos, impotentes, frustrados y nos hacen sufrir de forma permanente. Más adelante veremos que otras emociones negativas se alimentan de estas tres. Son las responsables de que vivamos neuróticos (haciendo lo mismo, esperando resultados diferentes), deprimidos, ansiosos, enfermos, cansados, desconectados de nosotros y de los demás, buscando satisfacer sólo nuestros deseos, lo cual nos lleva a todos los mecanismos que no nos sirven en realidad. Son como el monstruo de las mil cabezas, acaban con todo a su paso. La buena noticia es que cuando te liberes de ellas, no sólo te sentirás más vital, contento, optimista, pleno, gozoso, en paz, compasivo y con mayor energía, salud y vitalidad; también perdonarás todos tus errores, a los demás, tu historia, empezarás a aceptar todo tal cual es: tú, los demás, las cosas; además tendrás el coraje para afrontar la vida de otra manera, tomar riesgos, conectarte con los demás y contigo, satisfacer tus necesidades y las del entorno, lograr tus metas, crear relaciones más sanas, ser más creativo y decidir mejor.

¿CÓMO VAMOS A TRABAJAR?

Éste es un libro interactivo. Al inicio de cada capítulo podrás descargar los videos de realidad aumentada (RA) que acompañan a dicho capítulo (identificarás las páginas por el logo de RA), sólo necesitas descargar la aplicación RA Infinitum® en tu celular. Si no puedes descargarla, ingresa a www.elimartinezseruno.com para verlos.

El contenido del libro es el siguiente: primero te explicaré qué es la kinesiología (test de respuesta muscular) para que la apliques en cada capítulo. Es una herramienta muy sencilla que te ayudará a cambiar tu resonancia o frecuencia vibratoria. Si cambias tu vibración, transformarás tu realidad, así tal cual. En cada capítulo del libro encontrarás una lista de creencias positivas que podrás integrar en tu sistema cuerpo-mente. También encontrarás información para comprender cuál es la importancia de cada uno de los temas con ejercicios, videos, test y cuestionarios (trabaja tan profundo como lo desees). Poco a poco descubrirás que tienes en las manos un material con muchos recursos. Recuerda: la práctica hace al maestro, por eso cada vez te será más fácil aplicar esta metodología.

En el capítulo 1 aprenderás a utilizar el test de respuesta muscular o kinesiología: una técnica muy sencilla para ingresar a tu campo de información inconsciente, descubrir cuáles son tus creencias negativas e introducir las positivas. Es una técnica muy poderosa y fácil de usar que en la actualidad se aplica en muchas corrientes de terapia.

En el capítulo 2 trabajarás con tu autoestima, la cual está delimitada por una serie de creencias negativas sobre ti que conllevan la emoción más dolorosa que puede experimentar un ser humano y que, además, tiene la menor vibración de todas: la vergüenza. Comprenderás que no tienes por qué sentirte inferior, incapaz o poco merecedor (sin importar quién seas) y que los demás te darán el amor y la aceptación que te ofrezcas tú.

En el capítulo 3 entenderás la importancia de las emociones y cómo éstas impactan directo en la materia, creando tu realidad. También aprenderás técnicas para gestionarlas de forma adecuada, lo cual repercute en un mejor estado de ánimo, mayor salud y vitalidad, mejores relaciones y resultados en tu vida.

En el capítulo 4 hablaremos de la importancia de soltar todos nuestros apegos para poder vivir en libertad. Trabajaremos con el monstruo de las mil cabezas, la culpa, y por consiguiente con el perdón, para poder liberar y liberarnos. Si sueltas el pasado, te abrirás al futuro y todo lo que trae para ti.

En el capítulo 5 trabajaremos con la tercera emoción limitante: el miedo. Comprenderás cómo funciona, cómo te afecta y cómo transformarlo en coraje para avanzar, adaptarte al cambio y superar los retos que te demanda la vida.

En el capítulo 6 hablaremos sobre el verdadero poder y cómo reconectarnos con él para desarrollar nuestra seguridad, confianza y autonomía. Esto nos llevará a vivir con mayor armonía en las diferentes áreas de la vida.

Te deseo un viaje maravilloso. Me encantará leer tu experiencia en la página www.elimartinezseruno.com.

¡Gracias por ser parte de este espacio de crecimiento!

1 KINESIOLOGÍA Y TEST MUSCULAR

> El amor a uno mismo es el proceso mediante el cual yo te conduzco de vuelta hacia ti mismo.
>
> ANTOINE DE SAINT-EXUPÉRY

Antes de comenzar, vamos a hablar de la kinesiología, ya que de ahí surge el test de respuesta muscular y trabajarás con esta forma de ingresar a tu sistema cuerpo-mente para transformar tus patrones negativos en positivos. En la actualidad, muchas corrientes de terapia la aplican con éxito, por ejemplo, Resonance Repatterning®, CMR® (Liberación de la Memoria Celular) de Luis Díaz, Psych K® y Theta Healing®, entre otras. Pero ¿en qué consiste?

En la década de los sesenta el doctor George Goodheart desarrolló esta técnica en su investigación *Kinesiología aplicada* (1964), pues se dio cuenta de la conexión entre músculos, órganos y meridianos (canales energéticos que son la base de la acupuntura). Después John Thie, discípulo de Goodheart, en su obra *Toach of Health* (1973) extendió la técnica en el mundo, enseñando a cualquier persona a realizarla y poniéndola al alcance de todos.

Esta forma de autoconocimiento y diagnóstico trabaja con el tono muscular, dándote acceso directo a tu subconsciente y a tu campo electromagnético para verificar información a la que no tendrías acceso de otra manera, por ejemplo, tu árbol transgeneracional, tu proyecto sentido (proceso de nacimiento), tu cuerpo, tus creencias y emociones (con lo que sea que estés vibrando o en resonancia).

¿Cómo funciona? Cuando el cuerpo está frente a un estímulo que le produce algún significado o que reconoce como propio se tensa. En cambio, cuando un estímulo no le causa ningún significado o no lo reconoce como propio, se relaja de manera inconsciente. Esto se debe a la bioenergía de tu sistema: tu cuerpo pierde tono muscular ante cierta información o aumenta ante otra. Recuerda que todo en este universo es energía y vibra a una frecuencia determinada. Es decir, cada pensamiento, emoción, célula, órgano, cuerpo, etcétera, tiene una frecuencia específica. Y conforme podamos vibrar cada vez en frecuencias específicas superiores, accederemos a un cambio en nuestra vida a nivel subatómico. El doctor David R. Hawkins lo explica de forma maravillosa en su libro *Dejar ir*, del cual haré varias referencias y te recomiendo mucho que leas:

> *La dimensión del campo energético de la conciencia es infinita. Algunos niveles concretos se correlacionan con la conciencia humana y se calibran entre 1 y 1000. Estos campos de energía se reflejan en la conciencia y la dominan.*
>
> *En el universo todo irradia una frecuencia específica o un pequeño campo energético que perdura permanentemente en el campo de la conciencia. Así, cada persona o*

ser que haya vivido —y cualquier aspecto relacionado con él: acontecimientos, pensamientos, hechos, sentimientos o actitudes— queda registrado para siempre y es posible recuperarlo en cualquier momento presente o futuro.

¿Cómo se realiza? A continuación te presentaré varias maneras. Cabe mencionar que el cuerpo sólo responde SÍ o NO a tus preguntas. Es decir, estás vibrando o en frecuencia con algo (SÍ), no estás vibrando o no estás en frecuencia con algo (NO), por eso tus afirmaciones o preguntas deben enfocarse a obtener sólo una de estas dos opciones.*

Para aprender a usar este test busca el video correspondiente de RA o entra a www.elimartinezseruno.com/recursos. Cuando ya lo tengas instalado, en cada capítulo verifica si estás en frecuencia con determinadas creencias en tu sistema cuerpo-mente. Si no tienes acceso a internet, te lo describo a continuación.

INSTALAR EL TEST MUSCULAR

1. Indicaciones generales:

* Toma agua. Debes estar bien hidratado porque trabajarás con tu sistema electromagnético y, como sabes, el agua es el mejor conductor de electricidad.
* Retira metales (pulseras, anillos y relojes) y cuarzos de las manos.

* El test muscular no es un sistema adivinatorio o para tomar decisiones. Sólo es un indicador de lo que estás vibrando.

* Practica varias veces el test para que aprendas a confiar en tus respuestas.
* Para asegurarte de que tu cuerpo te dará información certera, verifica tu nombre diciendo: "Me llamo..." (la respuesta tiene que ser un *sí*). Después, menciona otro nombre, por ejemplo: "Me llamo Juanita Pérez" (la respuesta debe ser *no*).
* Practica con ejemplos sencillos como el color de tu ropa, tu edad, miembros de tu familia, clima, etcétera, hasta que te sientas seguro de tus respuestas.

Ahora, veamos algunos tipos de tests que puedes utilizar. Te recomiendo que uses el que más se te facilite. Quizá alguno no te saldrá, no pasa nada. Confía en que tu cuerpo te dará las respuestas que necesitas.

PÉNDULO: Ponte de pie en posición recta con las manos a los costados. Cierra los ojos y pídele a tu cuerpo en voz alta que te de un *sí* como respuesta. Por lo general, el cuerpo se moverá hacia delante. Después, pídele un *no*. Por lo general, se moverá hacia atrás.

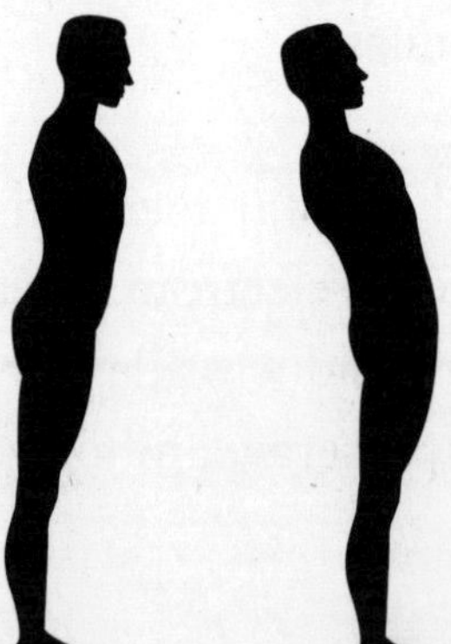

Sí No

AROS: Junta la punta de los dedos índice y pulgar de ambas manos formando una cadena. Diles la frase mencionada y jala tus dos manos en dirección opuesta. Tus dedos deberán permanecer pegados. Es decir, no se rompe la cadena. Esta respuesta representa un *sí*.

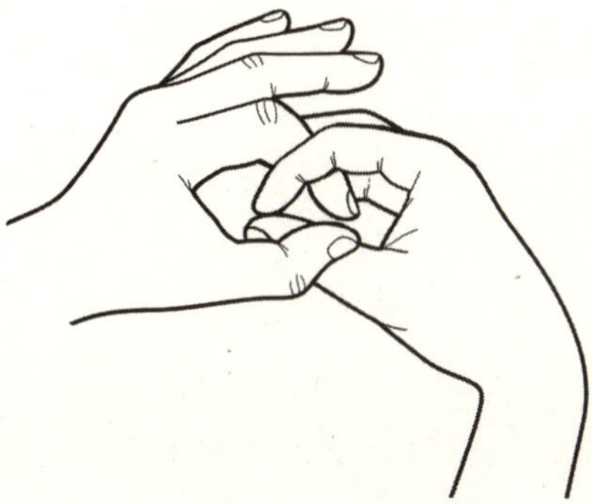

Ahora, para instalar la respuesta del *no*, sigue las mismas instrucciones y, al momento de jalar en direcciones opuestas, tus dedos se abrirán sin esfuerzo rompiendo la cadena. Esto representa que *no* están vibrando en algo positivo o negativo. Después, realiza las dos respuestas para confirmar que ya están instaladas de forma correcta en tu sistema. Repite en voz alta: "Dedos, denme un *sí*". "Dedos, denme un *no*."

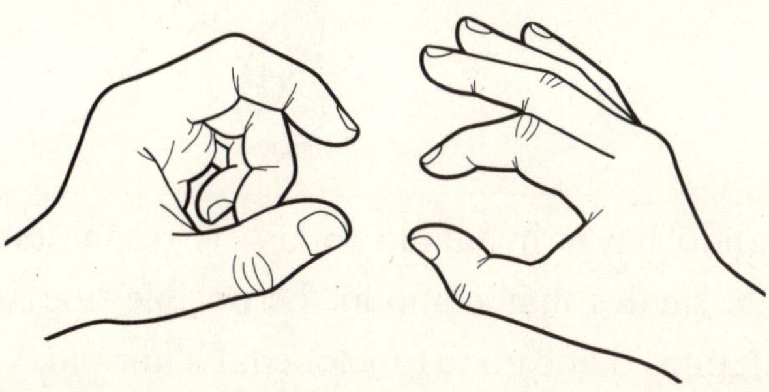

DONA: Con tu mano no dominante presiona el dedo índice y pulgar en forma de dona. Con el índice extendido de la otra mano, presiona los dedos diciendo la frase para instalar la respuesta muscular. Al momento de presionar los dedos deberán permanecer unidos sin abrir la dona, esto es un *sí*.

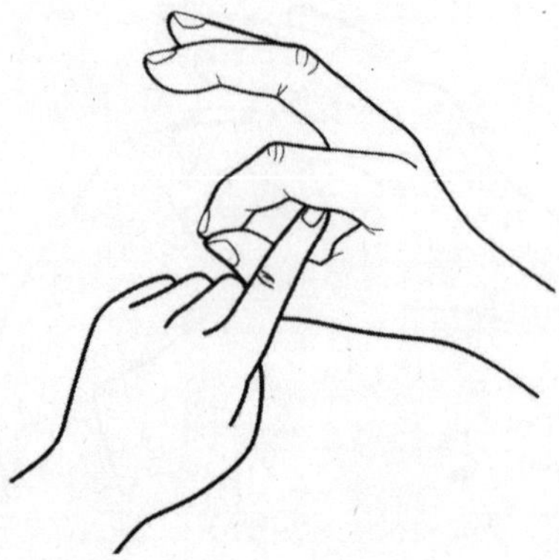

Ahora presiona con el dedo, mencionando la frase para instalar el *no* como respuesta, y los dedos se abrirán con facilidad.

Nota: Cuando hayas instalado todas las respuestas, prueba con cuál te sientes más cómodo. Es posible que no puedas realizar algunas o que no te funcionen. Es normal. Conforme confíes en tus respuestas, utilizarás todas.

2. Cómo iniciar una sesión del método Ser Uno

Una vez instalada la respuesta muscular, hay que verificar si estás vibrando en los siguientes puntos. Esto te ayudará a integrar de manera más sencilla las creencias o emociones positivas. (Busca el video de RA para ver el proceso completo):

* Retira los metales de tus manos y toma agua.
* Párate con la espalda recta y cierra los ojos. Inhala diez veces por la nariz y exhala por la boca poniendo atención a las sensaciones que hay en tu cuerpo sin juzgarlas. No te muevas. Sólo siente tu cuerpo. Esto te permitirá entrar a ondas alfa del cerebro (las que usamos cuando estamos en estados de somnolencia) y te ayudará a procesar la información con mayor facilidad a nivel inconsciente.
* Calibra arriba de 200 en escala logarítmica para realizar el mejor trabajo posible. Cuando estamos calibrando en emociones positivas es más fácil integrar las creencias positivas. A continuación encontrarás la escala logarítmica de las emociones que describe el doctor David R. Hawkins en su libro *Dejar ir.*
* Cada nivel de conciencia es calibrado en una escala logarítmica de poder energético que va del 1 al 1000. El nivel de iluminación es de 1000 y corresponde a la energía de Jesucristo, Buda y Krishna. Por el contrario, la vergüenza tiene la menor escala (20), cercana a la de la muerte.
* El "coraje" representa el punto crítico que marca el cambio de energía negativa a positiva. Es importante aclarar

que esta palabra proviene del latín *cor* (corazón) y significa tener valor, echar el corazón por delante. Esta emoción nos lleva a enfrentar los desafíos de la vida y nos hace más fuertes. Además, cuando aprendemos a sortear los obstáculos, ayudamos a otros a vencer sus miedos.

ESCALA LOGARÍTMICA

EMOCIÓN:	VALOR LOGARÍTMICO:
1. Iluminación	1000
2. Paz	600
3. Alegría	540
4. Amor	500
5. Razón	400
6. Aceptación	350
7. Voluntad	310
8. Neutralidad	250
9. Coraje	200
10. Orgullo*	175
11. Ira	150
12. Deseo	125
13. Miedo	100
14. Sufrimiento	75
15. Apatía	50
16. Culpa	30
17. Vergüenza	20

*Del orgullo hacia abajo son escalas vibratorias menores, representan peores circunstancias en la vida, relaciones más pobres, menor abundancia y amor, enfermedades, etcétera. Cuando ascendemos al coraje, incrementamos la eficacia, el éxito y la abundancia. Nos rodeamos de personas más positivas y exitosas, emitimos una energía más alta y contagiosa para los que nos rodean, "brillamos", los demás quieren estar cerca de nosotros, atraemos a los animales e influimos de forma positiva en la vida de otros.

* Di en voz alta: "En el nombre del bien más elevado, yo, [tu nombre completo], estoy calibrando como verdadero por encima de 200". Por ejemplo: "En el nombre del bien más elevado, yo, María Elena Martínez Aguado, estoy calibrando como verdadero por encima de 200". Verifica con el test muscular. Si tienes un *sí* por respuesta, sigue investigando: "por encima de 300", "por encima de 400", etcétera. Si te da un *no*, realiza el ejercicio de reprogramación y cambio de frecuencia que viene en la página 42 y vuelve a verificar; repite hasta que estés calibrado por encima de 200.
* Después verifica preguntando en voz alta: ¿Es para mi mayor bien trabajar [di la creencia]? Las creencias aparecen en listas numeradas, de manera que puedes verificar si la creencia se encuentra en el bloque del 1 al 5, del 5 al 10, etcétera. Después, por ejemplo, si te salió en el rango de 5 a 10, verifica: "¿Es la creencia cinco?" "¿Es la creencia seis?" "¿Es la creencia siete?" Hasta encontrar el número exacto.
* Si la respuesta es *sí*, podrás verificar si es para tu mayor provecho y beneficio integrarla en este momento. Por ejemplo: "Me considero una persona valiosa". Si tu respuesta muscular es *sí*, quiere decir que sí puedes integrarla.
* Cuando tu respuesta sea *no*, verifica si necesitas alguna otra de la lista de creencias hasta que encuentres la adecuada para ti.
* Verifica afirmaciones en vez de preguntas. Por ejemplo, en vez de "¿Estoy feliz?", di: "Soy feliz" (*sí/no*).

Ahora sí, ya estamos listos para integrar en nuestro sistema las creencias positivas que vienen al final de cada capítulo. No te saltes pasos y lee el capítulo completo resolviendo los diferentes ejercicios y comprendiendo cada tema para que tu trabajo personal sea mucho más profundo.

3. Cómo integrar las creencias positivas

Cuando ya determinaste qué creencia positiva integrar a partir del punto número dos, podrás hacerlo con este sencillo ejercicio. Pero antes necesito explicarte por qué funciona y genera un cambio sustancial a nivel físico, mental y emocional.

Bruce Lipton, en su libro *La biología de la creencia*, explica que el niño, desde que está en el vientre, es como una grabadora en blanco. De los cero a los dos años el bebé trabaja en ondas delta del cerebro, las cuales funcionan de 1 a 4 Hz y son lentas y amplias. Los sentidos (vista, gusto, olfato, oído y tacto) funcionan igual que los receptores en la célula, por eso es como una esponja que absorbe todo lo que pasa a su alrededor en amplio espectro y lo graba a nivel consciente, pero sobre todo a nivel inconsciente. De los dos a los siete años el niño trabaja en ondas theta (4 a 8 Hz), las cuales son un poco más rápidas y las usamos en estados de hipnosis o sueño muy profundo. Aquí también el niño tiene una capacidad muy grande de asimilación de la información. Es decir, en estas dos etapas se construye el inconsciente, y representa el 95% de nuestra mente. Estos programas inconscientes que vamos repitiendo y otra vez a lo largo de la vida se llaman "engramas". Dentro de la neuroinmunobiología, hablar de engramas neuronales es algo común, pero ¿qué son? Son grabaciones a nivel neuronal, emocional y perceptual en la persona. Se llevan a cabo por medio de procesos de interconexión neuronal.

Veamos cómo funcionan los engramas: Una madre está golpeando a un niño. Mientras lo hace, suena un celular, llora un bebé, la cafetera y la televisión están encendidas. Toda esa información queda grabada en el sistema cuerpo-mente del niño, porque todos sus sentidos y su percepción están involucrados en el evento. Cuando crezca y escuche un celular, un bebé, una cafetera y una televisión al mismo tiempo, lo asociará con algo desagradable sin saber por qué, sintiendo las mismas emociones que percibía cuando su madre lo golpeaba. Es decir, sólo somos títeres repitiendo patrones inconscientes o engramas.

¿Te imaginas cuánta información hemos almacenado en nuestro sistema cuerpo-mente a lo largo de la vida? La buena noticia: podemos cambiar los engramas con el sistema de aprendizaje VAK (visual, auditivo, kinestésico), es decir, trabajando con nuestros sentidos, emociones o pensamientos (lenguaje interno y externo). Así que vamos a reprogramarnos. Para ello busca música con ondas theta o delta en YouTube (usa audífonos) para hacer la visualización que te voy a enseñar.

LAS ONDAS CEREBRALES

¿Para qué sirven?

Earl Miller, del Instituto Tecnológico de Massachusetts (MIT) en Cambridge, Estados Unidos, y Evan Antzoulatos, de la Universidad de California, realizaron una investigación mediante los patrones de un electroencefalograma (EEG) de la corteza prefrontal (razonamiento y creatividad) y del cerebro estriado (formación de hábitos). Se dieron cuenta de que, cuando las ondas del cerebro están sincronizadas, nuestro aprendizaje, capacidad de análisis y asimilación son mucho más acelerados. Esta sincronización de ondas precede a las nuevas sinapsis o conexiones neuronales, mejor conocido como neuroplasticidad.

Los científicos del hospital Cedars-Sinaí Medical Center y del Instituto de Tecnología de California (Caltech) publicaron en 2010 que cuando las neuronas relacionadas con la memoria se activan en sincronización con las ondas theta, la imagen y los recuerdos que se forman son más fuertes.

¿Qué son?

Cada neurona emite energía eléctrica conocida como ondas cerebrales que se miden en Hertz (Hz). El cerebro produce múltiples ondas cerebrales al mismo tiempo. Cuando están en sincronía en ambos hemisferios podemos programar nuestra mente con creencias positivas o negativas. Cuando no están en sincronía, crean estados de confusión, ansiedad, nerviosismo, estrés y, por lo tanto, conductas negativas.

Según su velocidad, se clasifican en:

* **Ondas gamma:** de 40 a 70 Hz. Son las más rápidas y representan mayor actividad del cerebro. Las usamos cuando tenemos momentos de lucidez extrema, intuición, actividades cognitivas de alto nivel o reflexión. Las usamos para resolver problemas. A veces están en la fase REM del sueño.

* **Ondas beta:** de 13 a 40 Hz. Son las que usamos en estado de vigilia y se dividen en dos: beta alta (cuando tenemos altos niveles de estrés y estamos saturados de pensamientos) y beta media (cuando realizamos actividades que requieren grandes estados de concentración).
* **Ondas alfa:** de 8 a 13 Hz. Se producen al cerrar los ojos y relajar la actividad mental. Las generamos al estar calmados, en paz, sin miedo ni preocupación. Aquí comenzamos a tener conciencia de nuestro ser interior e información en estado latente del inconsciente. Nos ayudan a desarrollar nuestra creatividad.
* **Ondas theta:** de 4 a 8 Hz. Las producimos en estados de relajación profunda y de extrema creatividad, donde las alternativas de solución surgen con facilidad y mucha claridad. Las usamos en estados de sueño profundo. Son ideales para programar la mente a largo plazo, para asimilar nueva información, para la autohipnosis y para reducir el insomnio. Se usan con éxito para modificar conductas y tratar adicciones.
* **Ondas delta:** de 0 a 4 Hz. Las utilizamos en estados de meditación profunda. Abren el camino directo al inconsciente. Nos ponen en contacto con nuestro espíritu, Ser Superior o parte divina. Generan la producción de serotonina y melatonina.

Ahora ya entendemos por qué nos conviene grabar nueva información a través de las ondas theta o delta, ¿verdad?

4. Reprogramación

* Busca un lugar cómodo donde no te interrumpan. Utiliza la música adecuada para las necesidades de tu sistema cuerpo-mente. ¿Cómo lo sabrás? Muy fácil, con el test muscular verifica si es para tu mayor provecho y beneficio hacerlo con ondas theta o delta.
* Cuando tengas la respuesta, siéntate con la espalda recta, los pies apoyados en el piso y los ojos cerrados, inhala y exhala lento y profundo por la nariz y con tus palmas hacia arriba en el regazo. Respira diez veces luz azul cielo por la nariz y libera por la boca la tensión de tu organismo. En cada exhalación te relajarás un poco más. Comienza por la cabeza y termina por los pies.
* Elige un objetivo a lograr y trabájalo en las tres áreas (VAK):
    - **Visual:** imagina cómo será tu vida cuando logres lo que quieres (la creencia a integrar). Es como si te tomaran una fotografía de ese momento. Por ejemplo, ser exitoso, rico, tener una relación de pareja fabulosa, viajar, etcétera. Elige una meta. Describe esa imagen con lujo de detalle (colores, lugar, objetos, ropa, gestos, en fin, lo más variado posible).
    - **Auditivo:** busca aspectos auditivos que te impulsen a lograr tu meta. Ya sean frases dichas por los demás o por ti en relación con lo que quieres lograr. Por ejemplo: "Mis amigas dicen que soy muy capaz, que soy líder". "Me siento amado por mi pareja." "La reportera me preguntó qué hice para llegar a donde estoy."

- **Kinestésico:** ¿cómo te sentirás cuando alcances la meta? Escribe las sensaciones físicas (temperatura, humedad, piel erizada, corazón latiendo más fuerte, respiración) y las emociones (orgulloso, eufórico, autorrealizado, trascendiendo). ¿Has sentido esto en algún otro momento de tu vida?

* Ahora, cierra los ojos y viaja a una época donde hayas vivido la misma emoción. Recuérdala y siéntela. ¿En qué zona de tu cuerpo la sientes más? Si tuviera forma, ¿cómo sería? ¿De qué color? ¿Temperatura? ¿Textura?
* Después formula una frase que exprese que esto está ocurriendo, en primera persona, en positivo y significativa para ti de forma emocional. Por ejemplo: "¡Lo logré! ¡Gracias, Dios, por el trabajo que ahora tengo! ¡Es tal cual lo he soñado!"
* Lo importante es creer esta información a nivel inconsciente. La mente consciente es volitiva, es decir, decide todo el tiempo. La mente inconsciente funciona en automático.
* Pregúntate si lo que tú quieres tiene alguna consecuencia negativa para ti o para los que amas. Si es así, elabora una frase que compagine la creencia con la consecuencia adversa. Por ejemplo, si quieres lograr más éxito en tu trabajo, pero te preocupa descuidar a tu familia, di: "Soy exitosa en mi trabajo y en mi familia".
* Ahora, verifica de manera muscular si estás en resonancia con tu frase positiva y con la que compaginaste (en caso de que la tengas). Las dos deben salir con un *sí*. Si obtuviste un *no*, verifica si trabajar con esa frase es para tu mayor provecho y beneficio. Si tu respuesta es *no*,

realiza este ejercicio de cambio de frecuencia hasta obtener un *sí*.

* A continuación, verifica: ¿todas las partes de mi sistema están preparadas, dispuestas y capacitadas para integrar esta creencia positiva? Si la respuesta es *sí*, ya tienes integrada la creencia, si la respuesta es *no*, es importante respetar tu sistema y verificar después o cambiar la frase.

2

AUTOESTIMA, VERGÜENZA Y SOLEDAD

El cambio se da al intentar ser lo que eres, no al intentar ser lo que no eres.

FRITZ PEARLS

¿QUIEN TE AMA TIENE DERECHO A LASTIMARTE?

Te comparto la siguiente historia de una paciente:

Tendría alrededor de unos ocho o nueve años cuando una tarde mi madre se enojó conmigo, la verdad no recuerdo ni por qué. Siempre nos regañaba. Ese día me tocó. Comenzó a insultarme, a decir que era una idiota, que no servía para nada, que era una burra, una estúpida. Me pegó en la cabeza y me jaló el cabello. Sólo recuerdo que me fue golpeando por toda la escalera mientras decía: "¡Escuincla babosa! ¡Cállate! ¡No llores!" Entre el miedo y el dolor no me parecía justo que se ensañara conmigo de esa manera por algún error. Con el paso del tiempo, los golpes e insultos dejaron huella en mí, me encerré en un caparazón para que no me doliera, dejé de sentir. Era mi madre y a pesar de todo la quería, ¿cómo podría odiarla? Se supone que los padres te aman, ¿no? Entonces me hice a la idea de que quien me amaba tenía derecho a lastimarme. Eso me llevó a relaciones en las que abusaban de mí. Yo también me autoflagelaba, me maltrataba, me regañaba todo el tiempo y bebía para anestesiar mi dolor. Hoy me doy cuenta de que no es verdad todo lo que decía mi madre, eso no es amor. Pero cuando era niña no tenía forma de comprender lo que pasaba. Lloré mucho sanando mi adolorido corazón. Entendí que mi madre estaba enferma de lo mismo que yo y que tenía su historia de dolor porque también la maltrataron mucho. ¿Qué podía enseñarme? Sólo lo que ella había aprendido. Hoy sé que quien te ama te respeta, te cuida, te apoya. Mi recuperación fue un camino arduo, pero valió la pena. Hoy por hoy, soy la primera en respetarme y amarme de la mejor manera posible, cuidando a esa niña que nadie cuidó, dándole el cariño que nadie le dio.

En este capítulo veremos cómo las emociones afectan la autoestima y cómo la vergüenza es la emoción más dolorosa que puede experimentar un ser humano y la que más nos limita en todas las áreas de la vida.

¿QUÉ ES LA AUTOESTIMA?

El primer paso en el proceso personal es trabajar con la autoestima. Existen muchas definiciones, pero la que más me gusta es la de Carl Rogers: "Aceptación incondicional de ti sin juicio destructivo alguno". Qué difícil, ¿verdad? ¿Cómo vamos a aceptarnos si desde que tenemos uso de razón escuchamos todas nuestras imperfecciones, carencias, defectos, culpas? Al nacer ya somos objeto de expectativas ajenas y producto de programas inconscientes que vienen de muchas generaciones atrás. Nuestros padres esperan que seamos buenos, exitosos, guapos, obedientes, inteligentes, destacados en la escuela, los deportes, el arte, el trabajo, etcétera. Muchas veces es muy difícil que vean a la persona que eres, sólo ven lo que pueden y quieren según sus creencias.

En pocas palabras, nunca aprendimos a ser aceptados y amados por SER tal cual somos. Además, cuando no cumplimos las expectativas, comienza todo tipo de estrategias de control y manipulación para que nos sometamos y entremos al redil (amenazas, castigos, exigencias, chantajes, enfermedades, etcétera). Como consecuencia, aprendemos a doblegar nuestras emociones, sueños y verdadero yo para adaptarnos al medio y sobrevivir. Estos condicionamientos construyen parte de nuestra personalidad y forman la autoimagen (EGO). El EGO es la personalidad que hemos construido, pero que nos limita en muchos sentidos.

Además, el ser humano requiere del reflejo o validación que le den sus padres durante los primeros años de vida para formar su identidad y sentir que pertenece. Es decir, el niño se reconoce a través de ellos. Después, otras figuras de autoridad ejercerán influencia, por ejemplo maestros, abuelos, tíos o adultos cercanos. El problema es que vamos reprimiendo y guardando esas partes no aceptadas en "la sombra", es decir, la parte negada y oculta de nuestro inconsciente, porque tocarla asusta o duele.

La autoestima está formada por todas las creencias que tenemos de nosotros, de los demás y de la vida (positivas o negativas). Mientras más positivas, mayor autoestima. Estas creencias nos hacen sentir poderosos, capaces y merecedores, que podemos confiar en nosotros, en los demás y en el proceso de la vida. Que somos valiosos por el simple hecho de SER, ya que si estamos hechos a imagen y semejanza de Dios, del mismo material que todo en el universo, es imposible pensar que valgamos menos que otro ser humano.

Nuestro autoconcepto delimita el nivel de autoestima, determinando la posición existencial que tomamos frente al mundo, es decir, si nos creemos superiores, iguales o inferiores con respecto a los demás y cómo satisfacemos nuestras necesidades. Por ejemplo, si me siento superior (narcisista), mis necesidades serán las más importantes; si me considero igual, todas serán importantes; si me creo inferior, mis necesidades no serán importantes porque me siento indigno de recibir. Esta última posición existencial generará emociones destructivas en mí que se manifestarán como conductas repetidas hasta la neurosis y se convertirán en hábitos negativos o en mecanismos para sobrevivir. Al final, todo esto se transformará en síntomas o enfermedades, porque el cuerpo siempre expresa lo que no podemos o queremos ver.

No hemos comprendido que venimos a experimentar una experiencia humana de ensayo y error, pero que somos dignos de ser amados a pesar de todas nuestras imperfecciones y de nuestros errores. Somos perfectibles mas no perfectos, pero eso no nos quita o suma ningún valor.

Ahora bien, para sobrevivir en el medio, aprendimos a ponernos mil máscaras; esto se conoce como "ajustes creativos" en la corriente de la Gestalt. Estamos en una lucha constante entre lo que somos y lo que "deberíamos ser". Por ejemplo, en mi imagen idealizada, se supone que debería ser la terapeuta más reconocida de México; por lo menos ganar 200 mil pesos por cada conferencia; mis hijos no deberían tener traumas porque soy terapeuta; no debería tener conflictos de pareja porque soy terapeuta de parejas; debería ser talla 5 porque está de moda; ¡no debería tener arrugas porque existe el botox! Pero mi realidad es totalmente distinta a mi imagen idealizada. Es decir, ni soy la terapeuta más reconocida de México, ni cobro 200 mil pesos por cada conferencia, mis hijos sí tienen traumas, no soy talla 5 y tengo arrugas... ¡Pufff! ¿Cómo creen que me siento ante esto? Obviamente frustrada, impotente, culpable y avergonzada. Entonces empiezan los mecanismos de autoexigencia y perfeccionismo, diciéndome frases como:

> *"Claro, cómo vas a ser talla 5 si te la pasas tragando, ¡eres una gorda!"*
>
> *"Ni te creas que eres tan buena terapeuta, porque ve cómo están tus hijos y ve cómo están tus relaciones de pareja..."*
>
> *"Yo que tú tomaba otro cursito para ver si ahora sí la haces, mi chava, porque no eres tan buena como dices."*
>
> *"Estás vieja porque no te cuidas."*

Una lista interminable de recriminaciones a nivel consciente e inconsciente. De ahí surge una serie de conductas autosaboteadoras, por ejemplo:

"¡Mañana me pongo a dieta!"

Y empiezo la dieta en la mañana, pero la rompo en la noche. ¿Por qué? Porque está basada en culpa y castigo, no en el amor a mí ni en la aceptación.

No hemos comprendido que somos y hacemos lo mejor que podemos con las herramientas con que contamos. Si hubiéramos tenido otras, seguro habríamos tomado diferentes decisiones. Pero no las teníamos. Así que todo este maltrato ejercido contra nosotros es innecesario. Cuando nos perdonamos por no ser lo que se supone que "deberíamos" ser, cuando abrazamos nuestra historia y la entendemos, comenzamos a aceptar lo que somos.

Sé que la autoestima no es una pastilla que te tomas en la noche y hace que amanezcas sintiéndote fabuloso. Es un *proceso* que se gesta con el tiempo porque somos seres en evolución, no un producto terminado. Este proceso surge del perdón y la aceptación de todo lo que somos, hacemos y tenemos. En pocas palabras, las tres fuentes de poder son:

* **Reconocer:** darse cuenta y aceptar lo que es y está (tal como es).
* **Responder:** a partir de lo que es y está, decidir qué queremos hacer con eso.
* **Reparar:** tratar de solucionar, resolver o perdonar el daño de la mejor manera posible.

Aprendimos a contarnos una historia falsa sobre nosotros porque depende de las creencias. Pero cuando amamos cada célula de nuestro cuerpo y nuestra experiencia de vida, brillamos. Claro, es mucha chamba; en otras palabras, hay que trabajar duro para lograr una autoestima sana. Es un proceso que dura toda la vida, un esfuerzo por quitar las capas de creencias limitantes que forman la identidad o EGO.

Recuerda que somos energía pura y tienes una vibración particular que atrae o entra en resonancia con las personas, oportunidades, situaciones, problemas, etcétera que están en tu misma frecuencia. Esto quiere decir que no existe la mala suerte, sólo es el resultado de la vibración creada por tus pensamientos y emociones. Si tienes un autoconcepto pobre de ti, ¿atraerás las mejores cosas de la vida? Claro que no. La buena noticia: cuando aumentas tu nivel vibratorio (pensando y sintiendo diferente), te llegarán cosas buenas. Así que deja de quejarte de todo lo que no eres y aprecia las cualidades que tienes.

VISUALIZACIÓN

Cierra los ojos. Inhala y exhala por la nariz de forma lenta y profunda hasta relajarte lo suficiente. Varias veces, repite la frase: "Me doy permiso de ser feliz". Después, revisa las sensaciones y emociones que percibes.

¿Qué tal? ¿Sientes algo diferente? ¿Ganas de llorar? A lo mejor sí... Me gusta este ejercicio porque nos hace entender cómo elegimos vivir. Muchas veces pensamos que la felicidad es una emoción, pero en realidad es "una decisión" que puedes tomar cuando quieras, porque es un estado del ser (está en ti, no afuera).

¡CONSIDÉRATE UNA VERDADERA JOYA!

Lupita tiene treinta y cinco años, es soltera, guapa, inteligente y exitosa en su trabajo. Un día su papá le dice que se siente orgulloso de todos sus logros, de lo excelente hija, hermana, amiga y ser humano que es, pero que le preocupa que no tenga con quién compartir su vida. Le pide que lo piense y se va. Después de reflexionar un tiempo, Lupita se da cuenta de que sí quiere un compañero de vida. Un día llega con su mamá y le dice:

—Estuve pensando en lo que dijo papá y sí quiero tener novio, pero ¿de dónde lo saco?

—Hijita, tú lo pediste, tú lo tendrás... —contesta su madre.

Dos semanas después, un vecino de la infancia de la Ciudad de México la contacta por Facebook. Cabe aclarar que ahora ella vive en Guadalajara. Este chico, a quien le pondremos Paco, le comenta que está muy feliz de haberla encontrado ya que guarda muy gratos recuerdos de la infancia. Pasan horas charlando, riendo y recordando los viejos tiempos. Le dice que irá a una junta de trabajo a Guadalajara y que le gustaría invitarla a cenar. Acepta encantada. El día de la cita le cancela porque se pospone la reunión de trabajo, la siguiente semana le vuelve a cancelar y la siguiente le dice:

—Ya no tengo que ir a ninguna junta, pero tengo tantas de ganas de verte que sólo iría a visitarte. ¿Quieres?

—¡Va! Perfecto —responde.

En la cena pasan horas platicando de los viejos tiempos hasta que los corren del restaurante, después se van a otro lugar y siguen pasándola muy bien hasta que Paco le pregunta:

—Dime una cosa, Lupita, ¿por qué no te has casado?

—Porque no he encontrado el estuche adecuado para esta joya... —contesta.

El siguiente lunes, Paco (ya estando en la Ciudad de México) le marca a su celular. Ella está en una reunión y no puede salir. Él sigue marcando hasta que contesta:

—¿Qué pasa? ¡Me sacaste de una junta!

A lo que él le responde:

—Es que no pude dormir...

—¿Por qué?

—Tengo que decirte algo...

—¿Qué cosa?

—¿Recuerdas que me dijiste que no habías encontrado "el estuche adecuado para esta joya"?

—Sí, ¿por?

—Porque quiero ser el estuche para esa joya...

En la actualidad están casados y tienen una relación muy linda. Te cuento esta historia para que veas que el valor que ella se dio fue el mismo que le dieron los demás. El otro te trata como tú te tratas. Si te quejas de que tu pareja no te valora, es porque tú no te valoras; si no te ponen atención, es porque tú tampoco lo haces; si tu pareja no te ama, es porque tú no te amas... Es decir, el otro es un espejo que sólo refleja el trato que tú te das. Por desgracia, no aprendemos a valorarnos. En el caso específico de la mujer latina, las creencias arraigadas de servilismo, ser la "buenita", la generosa, la sacrificada, nos han hecho mucho daño. No nos respetamos, permitimos situaciones que incluso nos ponen en riesgo. Cuántas veces al momento de repartir los alimentos, las amas de casa le dan el mejor pedazo de carne al esposo, luego a los hijos y, al final, se sirven el trozo más pequeño (como si su trabajo no contara, como si fueran menos merecedoras que el resto de la familia). Entiéndelo, el respeto nace en la casa, es decir, en ti.

Para vivir con autoestima y desde nuestro poder es fundamental responsabilizarnos al cien por ciento, entendiendo "responsabilidad" como la "habilidad para responder de manera creativa ante la vida", es decir, hacernos cargo de nuestras elecciones y asumir las consecuencias. Un día, mi gran maestro Paco Evia nos contó la siguiente analogía:

Imagina que ahorraste durante muchísimo tiempo para comprar un auto. Años de sacrificio para lograrlo. Por fin llegas a la agencia y adquieres el coche de tus sueños: rojo, nuevecito, divino, de paquete, con quemacocos y toda la cosa. ¡Lo máximo! Sólo hay un pequeñísimo problema... ¡No sabes manejar!

Llamas a tu hermano para que pase por ti a la agencia y puedas enseñarle tu auto nuevo a toda la familia. Pero tu hermano está en una reunión de trabajo y no puede salir. Le suplicas que deje lo que está haciendo y vaya por ti. Te dice que no, tendrás que esperar. Como no sabes manejar, esperas. Llega después de tres horas. Cuando se suben al coche le dices por dónde ir y qué camino tomar, pero (con toda la razón) te contesta:

—¿Quién viene manejando? ¿Tú o yo?

Y como no sabes manejar, pues te aguantas. Al final, tu hermano choca tu auto nuevo. ¿A quién culpar? A tu hermano, ¿no?

Eso hacemos en la vida. Cuando no queremos agarrar el volante, se lo pasamos a otras personas para que nos lleven por donde quieran aunque no nos guste, para después poder decirles: ¡Por tu culpa! Por tu culpa soy infeliz. Así entregamos nuestro poder. Pero hay un gran problema: al hacer esto nos sentimos víctimas del otro, de la vida o de las circunstancias, como si dependiera de algo externo nuestro bienestar y felicidad.

Tener una autoestima sana nos lleva a confiar en que vamos a estar bien, asumiendo las consecuencias de nuestros actos, sabiendo que a cada acción le corresponde una reacción, pero ejerciendo una de las facultades humanas más importantes: la libertad.

Otra característica de una autoestima sana es la capacidad de ser auténtico sin tratar de agradar a los demás todo el tiempo. Para ejemplificarlo, te comparto la siguiente historia:

Digamos que eres una ciruela roja, madurita, en tu punto, pero te enamoraste de un plátano. Cuando te presentas ante él, le dices:

—Mira, plátano, soy una ciruela de primera calidad y quiero decirte que me gustas.

—Qué bueno que seas una ciruela tan linda, pero, ¿qué crees? A mí me gustan los plátanos... Así que, circula —responde.

—¡Cómo! ¡A mí! ¡Una ciruela de primera calidad! ¿Me desprecian? Ahhh, ¡no!

Entonces compras un traje de plátano para impresionarlo. Lo último en disfraces de frutas. Te lo pones y te presentas ante él.

—Pues sí, ciruela, está muy bonito tu disfraz, pero en el fondo tú y yo sabemos que eres una ciruela y a mí me gustan los plátanos, o sea que, circula —contesta.

Cero y van dos veces que te rechazan. ¡Eso sí que duele! Ahora compras pintura verde, café y negra para matizar tu disfraz. Ya no hay diferencia con un plátano natural en tu creencia. Pero te dice:

—Mira, ciruela, de verdad que sí pareces un plátano, pero en realidad no lo eres. Entiende, a mí me gustan los plátanos, no las ciruelas...

Y con tu orgullo herido tienes que marcharte...

Moraleja: Seamos la mejor ciruela que podamos: ya encontraremos otra que nos valore. Cuando hacemos cosas para agradar a los demás, ¿qué creen? ¡Se nota! Perdemos mucho tiempo y energía poniéndonos mil máscaras con tal de recibir un poco de amor y aceptación. Pero esto no sirve por algo muy simple. Resulta que todo lo que somos está vibrando, incluyendo nuestras emociones y pensamientos; así que, de manera inconsciente, el otro nos percibe todo el tiempo. ¿No te ha pasado que entras a una habitación y piensas que "el aire se corta con tijeras" por la mala vibra? O algo más simple: sabes a quién le caes bien, ¿no? Aunque la otra persona no abra la boca. Todo esto es porque somos campos pulsantes de energía. A nivel cerebral siempre estamos analizando al otro a través de las neuronas espejo (las que ayudan a identificar los estados de ánimo de los demás y a revisar si hay coherencia entre lo que dicen y hacen). Por lo tanto, no tiene caso fingir. ¡Atrévete a ser tú! Cuando nos mostramos vulnerables ante el otro, él nos acepta y se muestra vulnerable ante nosotros. La relación sólo se da en la capa de vulnerabilidad.

La autoestima tiene que ver con el proceso de estar

consciente de ti, de tus pensamientos, emociones y de las reacciones ante ellos. A esto se le conoce como PEA:

P = pensamiento
E = emoción
A = acción

PEA se refiere a que donde cada pensamiento crea una emoción y ésta genera una acción o reacción a partir de ella. El tener autoestima es un proceso de autoconocimiento lento y paulatino. Elimina las capas del EGO para redescubrir tu verdadero SER, lo cual te permitirá volver a la Unidad con el Creador, Dios, Ser Supremo, Poder Universal, Campo o como quieras llamarlo. Recuerda: somos como la sal del mar, luz de Dios, y estamos aquí para iluminar al mundo.

Pero ¿por dónde empezamos? Te voy a recomendar una serie de libros, videos y ejercicios a lo largo del libro para ir trabajando en ello.

LA CHAMBA

DIBUJA UN PAISAJE

En una hoja blanca tamaño carta, colocada de manera horizontal, dibuja lo siguiente:

* Una casa
* Una o más nubes
* Uno o más árboles
* Un río

* Una o más montañas

No dibujes personas. No sigas leyendo hasta que termines tu paisaje.

Resultados:

* **La casa** eres tú. Tu autoestima es del tamaño de la casa.
* **Las nubes** son los proyectos de vida. Lo ideal es tener cinco o más porque son las motivaciones que te impulsan a luchar.
* **Los árboles** son personas significativas en tu vida. ¡Ojo! De manera positiva o negativa. Ahora identifica quiénes son esos árboles.
* **El río** representa los cambios. Dependiendo de la ubicación puedes estar fluyendo con ellos, no verlos en este momento o a futuro.
* **Las montañas** son los obstáculos en la vida. De manera que, si dibujaste una verdadera Cordillera de los Andes, es porque sientes que no puedes con los problemas que la vida te demanda.

Ahora, divide en tres partes iguales la hoja como si fuera un tríptico. Muy bien, vayamos a la segunda parte de este ejercicio.

Si pusiste tu casa en el primer tercio de la hoja, tiendes a vivir en el pasado. Es decir, vives entre emociones muy peligrosas: nostalgia, melancolía, culpa y miedo. ¿Cuál es el problema? La frustración que te genera el pasado no resuelto, lo cual se transforma en sufrimiento. Recuerda que la tristeza es pasajera pero el sufrimiento es permanente porque te repites una y otra vez las mismas historias de dolor. Las personas que viven en el pasado tienden a deprimirse. Por otra parte, si tu río está en el pasado, quiere decir que viviste cambios en el pasado, pero ahora no hay claridad, incluso puedes sentir estancamiento.

Si pusiste la casa en el tercer tercio de la hoja quiere decir que vives en el futuro. Es decir, estás entre dos posturas: las expectativas e idealización y las fantasías catastróficas.

Si pusiste tu casa en el centro, es decir, en el segundo tercio de la hoja, significa que vives en el presente la mayor parte del tiempo, lo cual es muy bueno. Y si tu río está en pasado y presente, quiere decir que tienes cambios, pero no hay claridad para el futuro. Si tu río está en presente y futuro, quiere decir que ves cambios. Lo ideal es que el río atraviese los tres tiempos, lo cual significa que fluyes con la vida.

¿Para qué sirve este ejercicio? Para que veas dónde estás y qué debes trabajar sin juzgarte.

VENTAJAS Y DESVENTAJAS

Ahora divide una hoja en dos columnas. En la primera escribe todas las ventajas de considerarte "defectuoso" y en la segunda, las desventajas. ¿Cómo te sientes cuando escribes esto?

DETERMINAR EL NIVEL DE AUTOESTIMA

¿Cómo sabes qué nivel de autoestima tienes? Fácil, lo sabes si a pesar de los problemas te sientes tranquilo, confiado, digno de ser amado, merecedor de las cosas buenas de la vida, capaz, poderoso. Si en la mayoría de los casos tus relaciones son sanas y te llevan al crecimiento. Si confías en ti y en los demás. Si eres saludable. Si disfrutas lo que haces y te enfocas en ello. Si te das espacio para el esparcimiento y la diversión. Si eres capaz de reconocer tus emociones, necesidades y las expresas (límites), si te comunicas de una manera asertiva.

Para ello, revisa y haz un inventario acerca de cómo te cuidas en las diferentes áreas de tu vida. Física, mental, emocional y espiritual.

* **Física:** ¿Cómo cuidas tu alimentación, esparcimiento, salud, descanso, necesidades fisiológicas básicas, sexualidad, ejercicio? (Califica del uno al diez.)
* **Emocional:** ¿Sabes reconocer tus emociones? ¿Las registras en tu cuerpo? ¿Te enfermas mucho? (Califica del uno al diez.)
* **Mental:** ¿Estás consciente de tus pensamientos tóxicos? Te dices frases como: "qué menso", "qué tonto", "por mi culpa", "estoy gordo", etcétera. Anótalas en un diario. (Califica del uno al diez.)
* **Espiritual:** ¿Realizas alguna actividad espiritual? ¿Cómo te conectas contigo? ¿Meditas? ¿Reconoces tu divinidad interna? (Califica del uno al diez.)

Resultado total: saca el promedio de las cuatro áreas y reflexiona de qué te das cuenta.

EL MANIPULADOR DE SHOSTROM

Este test, realizado por Everett Shostrom, te mostrará las partes oscuras que no ves de tu personalidad, así como las polaridades que necesitas desarrollar. Seguro te sorprenderás con tus resultados:

Identidad

Contesta sí o no a cada uno de los siguientes puntos. Si dudas, elige lo más frecuente en ti.

1. Eres capaz de dar órdenes.
2. Aceptas consejos de buena gana.
3. Eres capaz de cuidarte.
4. A veces eres dependiente.
5. Sueles estar aflojerado.
6. Eres afectuoso.
7. Sueles pedir que otros te dirijan.
8. Haces trabajos difíciles.
9. Eres eficiente y práctico.
10. Eres autoritario.
11. Cuando algo te molesta del otro, eres franco y honesto.
12. Puedes no necesitar de alguien.
13. Te respetas.
14. Sueles dar tu crítica a los demás.
15. Eres capaz de ser obediente.
16. Si es necesario, puedes ser dictatorial.
17. En ocasiones te derrumbas ante los problemas.
18. Sueles comportarte de forma dominante.
19. Sueles necesitar que otros tomen tus decisiones.
20. Sueles aceptar que otro te dirija.

21. Te entusiasmas en lo que haces.
22. Por lo general buscas el descanso.
23. Puedes ser cariñoso con muchos.
24. Eres buen líder.
25. Eres amigable con la mayoría.
26. Sueles enojarte con frecuencia.
27. Eres capaz de trabajar con gran entusiasmo.
28. Sueles resolver problemas por gusto o por afición.
29. Eres enérgico al dar órdenes.
30. Te gusta cumplir tareas que requieran esfuerzo.
31. Puedes ser duro de corazón.
32. En ocasiones te cuesta trabajo empezar una actividad.
33. Eres irritable.
34. Sueles desanimarte ante las dificultades.
35. Sueles tomar responsabilidades de otros y por otros.
36. Confías en tus propias decisiones.
37. Pides consejo.
38. Te agrada la mayoría de la gente.
39. Te gusta que cuiden de ti.
40. Puedes amar con profundidad.
41. Sueles tomar el mando para dirigir a otros.
42. Eres paciente ante lo que otros deciden.
43. Sueles comportarte de manera pasiva.
44. Sueles obedecer con gusto.
45. Sueles decir lo que crees sin pensar en el otro.
46. Eres muy activo.
47. Eres muy amistoso.
48. Sueles aceptar que otros tomen tu mando.

49. Te gusta tomar decisiones sin consultar a otros.
50. Eres autosuficiente.
51. Eres sociable.
52. A veces piensas que no puedes hacer lo que te toca.
53. Aceptas hacer lo que te ordenen aunque suene absurdo.
54. Eres sincero aunque molestes a otro.
55. Dejas algunos problemas sin resolver.
56. Estás lleno de entusiasmo y actividad.
57. Te mueves de forma independiente.
58. Eres pasivo y poco entusiasta.
59. Eres muy inquieto hasta lograr lo que quieres.
60. No confías en tus decisiones.
61. Cedes en tus puntos de vista y aceptas los de otros.
62. Sueles aceptar que los otros te protejan.
63. Eres comprensivo y cálido.
64. Sueles tener muchos amigos.

Ahora, sólo vacía las respuestas contestadas con SÍ en el siguiente recuadro, buscando el número correspondiente. Márcalas con una "X". Por ejemplo: si en el punto 1 contestaste SÍ, busca el 1 en el cuadro (está en la columna A) y márcalo con una "X". Si en el punto 2 (columna D) contestaste NO, no lo marques. Si en el punto 3 (H), contestaste SÍ, márcalo con una "X", etcétera. Al terminar, suma el número de respuestas SÍ de cada columna y vacíalas en el octágono que viene a continuación.

A	B	C	D	E	F	G	H
1	30	25	2	61	5	14	3
24	21	6	7	20	22	33	13
29	28	51	4	48	32	11	9
35	8	63	60	43	34	54	36
10	27	23	37	42	58	45	57
18	46	38	19	44	55	47	49
41	59	64	39	53	52	26	50
16	56	40	62	15	17	31	12

Total:

Colorea del centro hacia fuera el octágono de la siguiente página de acuerdo al número obtenido en cada letra del cuadro anterior. La letra que haya salido con más SÍ es tu característica más desarrollada. Por ejemplo, si obtuviste más respuestas SÍ en la letra H (calculador), quiere decir que es tu cualidad dominante y necesitas desarrollar más la polaridad contraria: D (parásito). Seguro protestarás, pero se refiere a que, como calculador, quieres controlar todo, por lo que terminas resolviéndoles la vida a muchos parásitos. Si aprendes a soltar un poco el control y dejarte ayudar por los demás, desarrollarás tu parte parásita (la que representa a las perso-

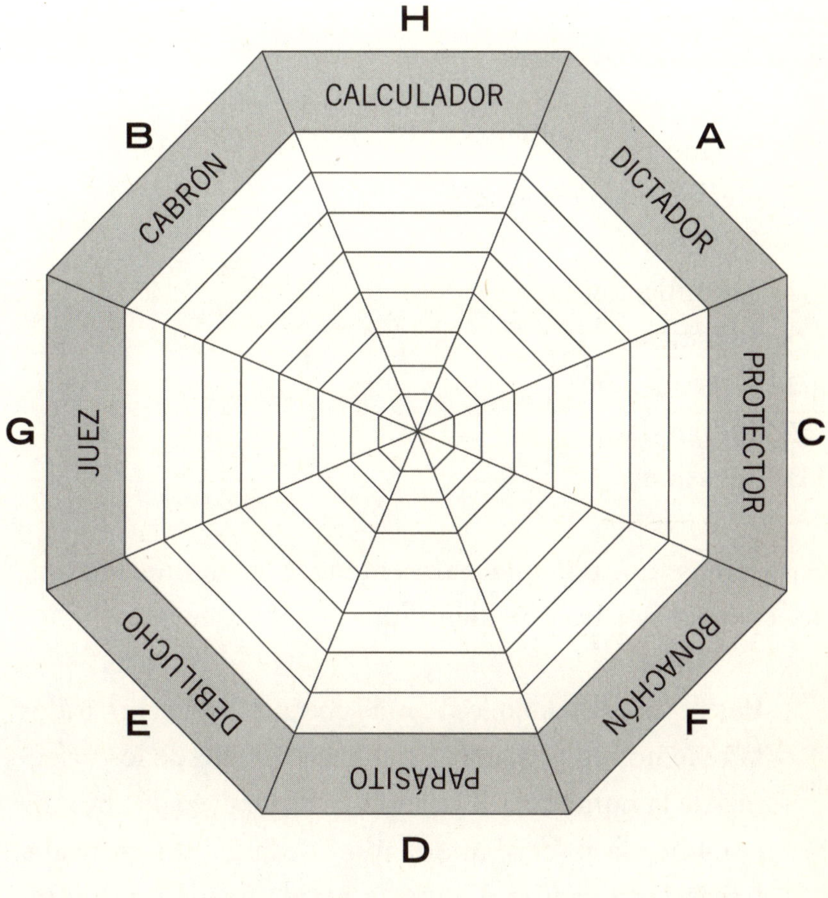

nas totalmente dependientes).

SANAR TUS HERIDAS PRIMARIAS

Para recobrar la autoestima es necesario sanar nuestras heridas de la infancia. Éstas nos generaron creencias muy doloras y profundas acerca de nosotros, de los demás y de la vida. Se llaman heridas primarias o miedos primarios. Todos las tenemos, unos más y otros menos, y las repetimos a lo largo de la vida hasta que las sanamos (queda una cicatriz, pero ya no duele). Sanar es una gran lección de vida para trascender. Se calcula que por lo menos tenemos entre tres y cuatro de ellas. Las principales son:

1. Abandono
2. Rechazo y/o exclusión
3. Traición
4. Humillación
5. Injusticia
6. Desconexión
7. Indignidad
8. Invasión

Revisaremos una por una para entender su significado, sus consecuencias y para que identifiques cuáles tienes:

1. **Herida de abandono:** es la más común. De hecho, todos la tenemos en el ADN, ya que proviene desde los orígenes de la humanidad, cuando la sobrevivencia era muy complicada y ser abandonado por la tribu significaba una muerte segura. Con esta herida queda una sensación de ser tan defectuoso, tan indigno que por eso te abandonan. Son los dependientes emocionales.
2. **Herida de rechazo y/o exclusión:** al igual que la anterior, es de las más comunes y dolorosas porque también significaba muerte segura en las primeras comunida-

des. El ser rechazado por los padres puede originarse desde el momento de la concepción. Quizá no fuiste un bebé deseado, del sexo que esperaban o alguno de tus padres odiaba al otro y te transmitió esa emoción. Es más dolorosa que la huella de abandono, porque el rechazo es una decisión consciente de quien lo ejerce, mientras que el abandono a veces es involuntario.

3. **Herida de traición:** también es muy dolorosa. Se da cuando el padre o la madre son infieles, cuando confiesas algo importante a alguno de los dos y traicionan tu confianza. Las personas con esta herida se vuelven *hipervigilantes* y controladores en sus relaciones.
4. **Herida de humillación:** se da cuando hay desprecio, abuso, maltrato físico o verbal por parte de los padres y figuras de autoridad. Las personas con esta herida tienen una autoestima muy baja y entran en relaciones de abuso porque se sienten indignas de ser amadas y respetadas. Son los masoquistas.
5. **Herida de injusticia:** es cuando tienes algo y te lo quitan. Por ejemplo, cuando la familia sufre algún embargo, despojo o cuando el papá prefiere a la segunda familia en vez de la primera. En el adulto genera la sensación de "a mí me deben". Son personas muy rígidas y cuadradas.
6. **Herida de desconexión:** se da en familias con poco contacto físico, mucho aislamiento y soledad, lo cual crea personas adultas promiscuas (buscan ese contacto y cercanía) o fóbicas al contacto (se aíslan).
7. **Herida de indignidad:** "No soy digno de ser querido." Surge en familias con pocas manifestaciones de amor,

cuidado y protección. Las personas con esta herida entran en relaciones de abuso porque se consideran muy defectuosas.

8. **Herida de invasión:** se da en familias donde los padres son muy castrantes e invaden los límites de los hijos. Cuando sean adultos, huirán de las relaciones porque no quieren sentirse invadidos nunca más. Defienden su libertad a capa y espada. Forman lo que se llama "*apego evitativo*", que veremos más adelante. Esta herida corresponde más a los hombres.

¿Cuál o cuáles heridas te checan? ¿Cuáles son tus máscaras? Reconocerlas y aceptarlas es el primer paso a la sanación. Pregúntate: ¿qué consecuencias han tenido en mi vida? ¿Cómo las manifiesto? ¿Cómo las vivo?

NECESIDADES VITALES

Los niños necesitan tener satisfechas las siguientes necesidades vitales para desarrollarse de forma sana:

1. **Necesidad de amor:** sin duda es la más importante. El hecho de que los niños se sientan amados les proporciona la seguridad y confianza básica en ellos y en la vida, así como la conciencia de ser dignos de amor por ser lo que son.
2. **Necesidad de presencia:** "¡Necesito que me veas! ¡Si no me ves no me reconozco, es como si no existiera! ¡Me da pavor no sentir tu presencia!" ¿Cómo la detectas? Por ejemplo, cuando le recriminas a tu pareja que no te ve,

que no tiene tiempo para ti.

3. **Necesidad de apoyo:** el saber que hay alguien allí para ti, alguien en quien confiar.
4. **Necesidad de aprecio:** que seas aceptado de forma incondicional.
5. **Necesidad de seguridad:** no sólo las necesidades fisiológicas básicas (comer o dormir); se refiere a tener acceso a la salud, un techo, una familia estable, vivir en una comunidad segura, etcétera.
6. **Necesidad de validación:** que validen al ser que eres, tus emociones, tus necesidades. Que esté bien ser y sentir lo que sientes.
7. **Necesidad de límites:** si no los tuvimos de niños, los buscaremos de grandes. Los límites dan seguridad, y a nivel personal forman el autogobierno. El no poner límites es tan terrible como el abandono. Es como decirles a los hijos: "No me importas", "Si vives o mueres me da lo mismo."
8. **Necesidad de respeto:** respeto por tus gustos, intereses, talentos, habilidades, necesidades, cuerpo, emociones y creencias.
9. **Contacto físico positivo:** abrazos, besos, cercanía física.

LA CAPA DE VULNERABILIDAD

Este ejercicio te ayudará a detectar cuáles son tus heridas primarias, tus necesidades vitales no resueltas y todas las estrategias que utilizas para no tocar el miedo y el dolor. En el círculo pequeño se encuentra el SER, nuestra esencia perfecta que no tiene problemas. Ya analizaste cuáles son tus heridas primarias, anótalas en tu capa de vulnerabilidad (también tus necesidades vitales no satisfechas). Ahora bien, en la capa de protección vas a anotar todas las estrategias que utilizas para no tocar el miedo y el dolor, el tipo de personaje que aprendiste a desempeñar, tus adicciones, compulsiones, obsesiones, hábitos, enfermedades y síntomas crónicos, tu manera de relacionarte con los demás. ¿Cómo te sientes des-

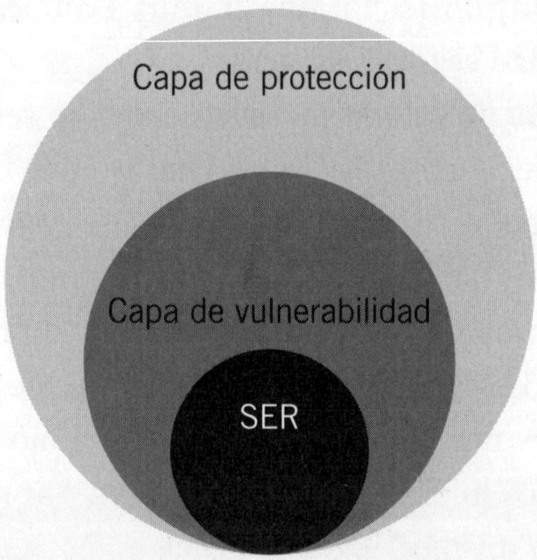

cubriendo todos tus patrones de conducta repetitivos?

IDENTIFICA LAS ESTRATEGIAS DEL NIÑO

Cuando ya identificamos nuestra capa de vulnerabilidad y de protección, necesitamos revisar cuáles son las estrategias de control y manipulación que usamos al sentirnos vulnerables, con miedo o dolor. Aquí te presento algunas:

1. **El martillo:** lo usan las personas que imponen su voluntad a costa de lo que sea. Cuando el otro no hace lo que quiere, reaccionan de manera agresiva. Frase típica: “El

que manda aquí soy yo."

2. **El gancho:** lo usan los seductores. Saben manejar las palabras para salirse con la suya. Pueden prometer, ofrecer recompensa, sugestionar y envolver a los demás. Incluso mienten con tal de salirse con la suya. Frase típica: "Eres la mujer más hermosa que he conocido en toda mi vida."
3. **El cuchillo:** lo usan los vengativos. Cuando el otro no cambia o no le da lo que está esperando, en la primera oportunidad sacará su cuchillo para vengarse. Su dolor lo convierte en rabia. Frase típica: "Fue tu culpa."
4. **El plato de limosna:** lo usan los dependientes emocionales. Suplican, ruegan, hacen favores, resuelven la vida del otro para que se quede a su lado. Pueden chantajear, victimizarse y hasta enfermarse como una manera de manipular al otro. Frase típica: "Todo lo que he hecho por ti y mira cómo me pagas."
5. **El plato volcado:** lo usan las personas acostumbradas a que nadie les resuelva sus necesidades. Aprendieron a resolver todo solas. Son muy independientes, pero en el fondo les gustaría mucho que alguien las apoyara. Frase típica: "Ya para qué, ya lo resolví."

Ahora ¿qué hacer con esta información? En una hoja blanca dibuja a tu niño interior con tus estrategias más comunes. Puede ser una o todas, cada quién sabe. Lo importante es hacer conciencia sobre su uso: ¿con quién las utilizas? ¿En qué momento? ¿Qué debe ocurrir para que las apliques?

ESTILOS DE APEGO

Después de la Segunda Guerra Mundial, la ONU solicitó al psiquiatra y psicoanalista John Bowlby que estudiara a los niños privados del cuidado materno (privación materna). Esto dio como resultado una teoría muy interesante sobre cómo nos relacionamos con el medio ambiente. Bowlby estudió el comportamiento de los bebés en la etapa de separación de la madre (a partir de que el infante comienza a gatear y caminar).

Cuando el niño se siente seguro de que la madre estará ahí cuando regrese de su exploración, desarrolla un crecimiento sano; esto también se da cuando el pequeño es cuidado con puntualidad y consistencia, es decir, recibe alimentos, amor, contacto físico positivo y satisface todas sus necesidades vitales básicas. En cambio, cuando el niño crece en un ambiente ambivalente donde unos días sí se las satisfacen y otros no, a veces encuentra disponible a la mamá y otras no, o la madre no está para atender las necesidades básicas, el menor ve amenazada su sobrevivencia y empieza a generar ansiedad e inseguridad.

Años después, en la década de los sesenta, la psicóloga del desarrollo Mary Ainsworth profundizó en este trabajo y mencionó cuatro estilos de apego:

1. Seguro
2. Inseguro-evitativo
3. Inseguro-ambivalente
4. Desorganizado

APEGO SEGURO:	APEGO EVITATIVO:
Puedo confiar en mí y puedo confiar en el entorno.	Puedo confiar en mí, pero NO puedo confiar en el entorno.
APEGO ANSIOSO:	**APEGO TEMEROSO O DESORGANIZADO:**
Puedo confiar en el entorno, pero NO puedo confiar en mí.	No puedo confiar en mí ni en el entorno.

Estos estilos se aprenden en los primeros años de vida, pero se siguen manifestando a lo largo del tiempo. En fechas recientes se han estudiado los estilos de apego en los adultos dentro de sus relaciones sociales, afectivas y sexuales.

¿QUÉ ES EL APEGO?

Es el vínculo emocional que establece el niño con sus padres o cuidadores, la necesidad inherente del ser humano de establecer vínculos, pertenencia, unión, intimidad y placer en sus relaciones. Esta tendencia se pone de manifiesto en tres grandes necesidades primarias no aprendidas:

* Necesidad de establecer vínculos afectivos percibidos como incondicionales y duraderos: apego.
* Necesidad de disponer de una red de relaciones sociales: amigos, conocidos y pertenencia a una comunidad.
* Necesidad de contacto físico placentero: abrazos, caricias, besos, ser cargado en brazos... Actividad sexual asociada al deseo, atracción y enamoramiento.

En realidad estas tres necesidades representan y favorecen la sobrevivencia de la persona y, por lo tanto, de la especie, ya que simbolizan los primeros cuidados por parte de los padres y figuras de autoridad, así como la red de vínculos que aseguran la pertenencia al grupo, la protección, el cuidado y la alimentación. Por último, la necesidad de actividad sexual lleva a la reproducción. Cuando una persona no satisface estas necesidades siente soledad emocional, social y frustración sexual.

TEST DE APEGO (PRUEBA CAMIR)

¿Sientes curiosidad por conocer tu estilo de apego? Si es así, averígualo mediante el siguiente test elaborado por la Facultad de Psicología de la Universidad de Buenos Aires. La escala es del libro *Los estilos de apego: teoría y medición*, de Martina Casullo, psicóloga y profesora de la Universidad de Buenos Aires.

Lee las siguientes frases. Marca tu respuesta pensando en tu forma de ser y sentir. Piensa que no hay respuestas correctas o incorrectas y responde con sinceridad. Puntúa cada frase según la siguiente valoración:

* Casi nunca: 1
* A veces: 2
* Con frecuencia: 3
* Casi siempre: 4

Responde las siguientes preguntas pensando en tus amigos,

parientes o relaciones no románticas:

1. Es fácil comprometerme de forma emocional con las personas.
2. Aunque quiera, es difícil confiar en otra persona.
3. Deseo relacionarme de forma afectiva, pero en general me siento rechazado.
4. Me siento bien cuando evito compromisos emocionales con otra persona.
5. Pienso que las relaciones afectivas pueden lastimarme.
6. Siento que los demás no me valoran como yo los valoro a ellos.
7. Necesito sentirme independiente, sin compromisos afectivos.
8. Me preocupa poco estar solo, sin relaciones sentimentales estables.
9. Comprometerme en relaciones afectivas me da miedo.
10. Me siento mal cuando no tengo relaciones afectivas duraderas.
11. Me incomoda depender o que dependan de mí de forma emocional.
12. Me preocupa poco sentirme rechazado por otra persona.

Valoración: Suma la puntuación obtenida y observa cuál es el mayor puntaje:

- Apego seguro (preguntas 1, 8 y 12) = ______________
- Apego ansioso (preguntas 3, 6 y 10) = ______________
- Apego evitativo (preguntas 4, 7 y 11) = ______________

• Apego temeroso (preguntas 2, 5 y 9) = ______________

Responde las siguientes preguntas pensando en una relación romántica que tengas, hayas tenido o desees tener:

1. Es fácil comprometerme con mis parejas de forma emocional.
2. Aunque quiera, es difícil confiar en mi pareja.
3. Deseo relacionarme con alguien, pero en general me siento rechazado.
4. Me siento bien al evitar compromisos emocionales románticos con otra persona.
5. Pienso que las relaciones afectivas románticas pueden lastimarme.
6. Siento que mis parejas no me valoran como yo las valoro a ellas.
7. Necesito sentirme independiente, sin compromisos afectivos.
8. Me preocupa poco estar solo, sin relaciones sentimentales estables.
9. Comprometerme en relaciones románticas afectivas me da miedo.
10. Me siento mal cuando no tengo relaciones románticas afectivas duraderas.
11. Me incomoda depender o que mi pareja dependa de mí de forma emocional.
12. Me preocupa poco sentirme rechazado por mi pareja.

Valoración: Suma la puntuación obtenida y observa cuál es el mayor puntaje:

- Apego seguro (preguntas 1, 8 y 12) = ______________
- Apego ansioso (preguntas 3, 6 y 10) = ______________
- Apego evitativo (preguntas 4, 7 y 11) = ______________
- Apego temeroso (preguntas 2, 5 y 9) = ______________

No te preocupes si tu estilo de apego no es "seguro". Lo importante es entender por qué funcionas como funcionas y qué puedes hacer para modificarlo. Conforme avances en el libro irás trabajando con más profundidad en ti y resolviendo temas. El principio de la sanación y el fin del sufrimiento, literalmente, es "la aceptación". ¿Quieres dejar de sufrir? Acepta. ¿Quieres mejores relaciones? Acepta. ¿Quieres ser feliz? Acepta. Cuando aceptas lo que eres, lo que es, lo que está, en automático dejas de sufrir.

LA VERGÜENZA

Hace varios años intenté dar un curso sobre la vergüenza. ¿Sabes cuántas personas se inscribieron? ¡Ninguna! ¿Por qué? Porque es la emoción más dolorosa de los seres humanos. Es el YO juzgando al YO. Vives en soledad, ya que no quieres que nadie se entere de tus grandes vulnerabilidades. Entonces ¿qué hice para dar mi curso? Lo nombré: "Trabajar con el niño herido". El grupo se llenó.

Las heridas primarias generan mucha vergüenza porque existe la sensación de ser inferior, chiquito, diferente, deficiente, carente, menos merecedor, indigno en relación con los demás. Esta emoción tiene una cuestión interna, es decir, una creencia que generamos en un momento determinado de la vida. Lo curioso de este asunto es que evitamos curarla, porque para hacerlo debemos exponer nuestras vergüenzas. Al momento de escucharte hablando, comprendes que no fue tu culpa y resuelves el dolor que subyace en ti. Pero necesitamos un testigo íntimo para expresarlas, es decir, una persona en la que confiemos. ¿Hay en tu vida alguna persona así? ¿Puedes contarle tus historias? Si no, te recomiendo ir a terapia para trabajarlas.

MANIFESTACIONES DE LA VERGÜENZA

* **Uso de palabras insultantes hacia uno mismo,** por ejemplo:
  - ¡Qué tonto!
  - ¡Estás hecha una vaca!
  - ¡Siempre la riego!
* **Mezcla de control y caos en la persona o sistema familiar:** los secretos familiares, en los que los hijos cargan con los errores de los padres.
  - No vayas a decir que tu papá es alcohólico, porque qué vergüenza, ¿eh?
  - Cuidadito y les cuentes a los demás nuestros secretos.
  - No digas en la escuela que tu papá me pega.
* **Incapacidad para completar transacciones interpersonales:** relaciones tóxicas. Como la persona se siente indigna o trae programas de mucho desamor, le cuesta trabajo crear relaciones sanas de amistad, pareja, familia, laborales y sociales.
* **Maltrato compulsivo:**

- El *bullying* o *mobbing*.
- Conductas de riesgo: adicciones, trastornos alimentarios, autoflagelación, intentos de suicidio.
- Conductas de riesgo sexual: promiscuidad, sexo sin protección, embarazos no deseados.

¿Te checa alguno de estos?

En la actualidad, Gordon Wheeler es uno de los grandes especialistas en el tema de la vergüenza. El siguiente ejercicio creado por él te ayudará a trabajar paso a paso con esta emoción, comprenderla, pero sobre todo, sanarla. Puedes encontrarlo en los videos de RA de este capítulo o en www.elimartinezseruno.com/recursos.

1. Visualización

Siéntate cómodo, con los dos pies en el piso y la espalda recta. Inhala y exhala por la nariz lenta y profundamente. En cada exhalación relájate un poco más. Permite que tu mente viaje hasta llegar a los primeros recuerdos de tu vida cuando eras bebé o niño y juega con las imágenes. Busca hasta encontrar un problema en tu vida, no cualquiera, sino uno que hayas experimentado como "algo que andaba mal en ti", donde tú eras el diferente.

Tómate tu tiempo. No te preocupes si surge más de una imagen. Juega hasta que una de estas situaciones resalte más y quédate con ella. Trata de recordar todo: sonidos, voces, frases, sensaciones en el cuerpo, olores e imágenes. Experimenta cómo se siente ser tú a esa edad. ¿Qué sientes? ¿Cómo lo percibes en el cuerpo?

Cuando ya lo tengas y estés preparado, abre los ojos y escribe algunas frases sobre la experiencia, el problema que tenías entonces y cómo lo vivías. Escribe lo más posible, en tiempo presente y en primera persona. Por ejemplo:

> *Tengo ______ años y éste es mi problema. Soy demasiado ____________________________. No soy lo suficientemente ______________________. Siempre me pasa que ______________________. No puedo ____________________, etcétera.*

Agrega detalles para hacerlo más real. Incluye sentimientos y sensaciones físicas. Cuando termines, continúa con el siguiente paso:

2. Determinar qué faltó en el medio ambiente del niño

Cierra los ojos e imagina la misma escena, ve al momento y lugar del problema descrito en el punto 1. Pero ahora, en vez de observar desde el mundo de tu niño interno, mira desde el mundo exterior. Imagina que ves la escena desde arriba.

Mientras lo visualizas así, analiza qué hizo falta o qué está mal en la escena, en el ambiente en torno a ti como niño, qué facilita que esa característica se convierta en un problema. Cuando lo hayas hecho, escríbelo (tus sensaciones físicas y sentimientos ahora, desde esta perspectiva).

3. El ajuste creativo, cómo sobreviviste

Estarás de acuerdo en que de alguna manera resolviste esa situación, algo hiciste para adaptarte al medio y sobrevivir.

(De un modo u otro salimos adelante. Traumados, con dolor, pero lo logramos.) Ahora pregúntate: ¿cómo lo hice? ¿Qué estrategia empecé a usar a partir de ese problema? ¿Me volví de alguna manera determinada? ¿Aprendí una habilidad nueva? ¿Cuál? ¿La convertí en fortaleza? ¿Qué personaje adopté? ¿Esa estrategia me sirve ahora?

4. ¿Quién faltó?

Analiza quién y cómo te hubiera gustado que te apoyara en ese problema. ¿Qué necesitabas para sentir más apoyo, soporte y aceptación?

5. Las nuevas herramientas

¿Qué quieres cambiar o desarrollar en tu vida ahora? ¿Pides apoyo a los demás para resolver tus problemas?

6. Visualización

Cierra los ojos de nuevo y deja que tu mente se vaya a tu presente o pasado. Busca algo que no hayas resuelto, que todavía te duela, te moleste o te produzca miedo. ¿Cuál es la herida primaria no resuelta o las necesidades vitales no satisfechas? ¿Cuáles son tus sensaciones corporales y sentimientos? Escríbelo. ¿En qué sentido la experiencia difícil y dolorosa que recordaste fue y es vergonzosa?

7. Imagina que se lo cuentas a otra persona

Vuelve a cerrar los ojos y vete a ese momento otra vez, imagina que le confías esta experiencia a otra persona. No lo digas, sólo imagina que lo cuentas. ¿Qué sentimientos y sensaciones tienes ahora? ¿Qué tendría que hacer esa persona para que le contaras tu experiencia? ¿Cómo te gustaría que reaccionara?

8. **Sanando la vergüenza**

El antídoto de la vergüenza es hablarla en un clima de confianza, intimidad y vulnerabilidad, donde no te sientas juzgado, sino apoyado, comprendido y aceptado. Piensa en una persona a la que le tengas profunda confianza, ¿te atreves a buscarla y platicarle lo que descubriste? Si es así, hazlo y date cuenta de que no pasa nada. Al contrario, ganarás mucho.

TENGO LA OPORTUNIDAD DE REINVENTARME

Ésta es la historia de una querida amiga. Me contó que cuando era niña, sus amigos y su familia se burlaban de ella diciéndole "burra" porque iba muy mal en la primaria. En México, que te tilden de burro es, en pocas palabras, decirte tonto, menso, incapaz o torpe. Obvio, mi amiga desarrolló una gran inseguridad. Pero había algo interno en ella, porque cuando se mudaron de ciudad por el trabajo de su papá, tuvo una brillante idea. Dijo: "Aquí nadie me conoce, así que ¡puedo crear a la persona que quiero ser! ¡Aquí no soy la burra!" De esta manera se permitió brillar en la nueva escuela, ser mucho más sociable, aprender, sacar buenas notas y sólo porque se quitó la etiqueta de que era una burra. ¿Quién quieres ser a partir de hoy?

¿Cómo te sientes después de haber realizado estos ejercicios? Seguro removieron muchas cosas en ti, es normal. Te invito a que acompañes a tu niño interno el tiempo que sea necesario hasta que sane. Obsérvalo, platica con él, abrázalo, cárgalo en tus brazos, dale todo lo que en su momento no recibió.

Visualízalo durante una semana completa. A la edad que lo veas es perfecto para ti. ¿Cómo llega? ¿Cuál es su expresión facial? ¿Qué hace? ¿Cómo está vestido y peinado? Acércate poco a poco hasta que te tenga confianza y hazle saber que siempre estarás ahí cuando te necesite.

VERIFICACIÓN DE CREENCIAS

Ahora trabajemos con el test muscular para revisar tus creencias relacionadas con la autoestima, ¿te parece? Si no has instalado tu respuesta muscular, te recuerdo que puedes aprenderla en el link www.elimartinezseruno.com/recursos. Verifica cada uno de los incisos y marca los que responden *no* (donde no hay fuerza muscular), lo cual quiere decir que no estás vibrando con esa frase. Después realiza los ejercicios, para integrar creencias positivas y cambiar frecuencias con el ejercicio de reprogramación que se encuentra en el capítulo 1, página 42.

1. Me considero una persona valiosa.
2. Me respeto y me respetan.
3. Soy responsable de mi vida.
4. Soy auténtico.
5. Soy consciente de mí.
6. Soy consciente de mis emociones.
7. Soy consciente de mis necesidades.
8. Pido lo que necesito.
9. Me siento digno de ser amado.
10. Merezco las cosas buenas de la vida.

11. Puedo hacer las cosas.
12. Soy capaz.
13. Soy capaz de poner límites.
14. Me considero atractivo.
15. Estoy seguro de mí.
16. Confío en mí y en el entorno.
17. Me cuido.
18. Me acepto profunda e incondicionalmente.
19. Soy leal a mí y a mis principios.
20. Me siento orgulloso de mí.
21. Soy importante.
22. Me considero parte importante de mi familia.
23. Me considero parte importante de mi comunidad.
24. Lo que yo digo es importante.
25. Mis necesidades son importantes.
26. Creo en mí.
27. Me siento querido por mi familia.
28. Tengo amistades sólidas y duraderas.
30. Tengo relaciones de pareja sanas.
31. Amo y soy amado.
32. Lucho por lo importante (para mí).
33. Me doy espacios para disfrutar la vida.
34. Me siento bienvenido.
35. Acepto mi cuerpo.
36. Soy justo conmigo.
37. Puedo confiar en mí y en el entorno.

3

ARREGLA TUS EMOCIONES

> Aunque la cultura dice que la vida es lo que pensamos que somos, en realidad la vida trata acerca de lo que sentimos que somos. En el fondo instintivo y profundo de nuestro ser no pensamos, sentimos. Estamos hechos de emociones.
>
> ELSA PUNSET

IMPORTANCIA DE LAS EMOCIONES EN NUESTRA VIDA

A lo largo de la vida voy aprendiendo a manejar mis emociones. Y digo "aprendiendo" porque creo que sólo lo lograré cuando esté iluminada. Un día vi una entrevista donde le preguntaron al Dalai Lama si se enojaba y, para mi sorpresa, con una gran sonrisa contestó: "¡Claro que me enojo! ¡Y bastante seguido!"

En ese momento pensé: "¡Wow! ¡Qué sabio es reconocer que las emociones nos hacen humanos! Que no son buenas ni malas, pero sí nos dan grandes lecciones, ya que son la sal de la vida." Es curioso que la primera clase que me invitaron a dar en mi alma máter, Cesum, fue la de inteligencia emocional. No cabe duda que la vida te pone a enseñar lo que necesitas aprender. Para dar la clase tuve que adentrarme en este fascinante mundo y me di cuenta de que no tenía ni idea de qué era la inteligencia emocional ni su implicación en nuestra vida. En este capítulo trataré de explicar qué son las emociones, cómo funcionan y algunas herramientas prácticas para gestionarlas de mejor manera. Recuerda: si quieres regresar a tu poder, necesitas generar una gran conciencia sobre ellas.

Para crear un verdadero cambio en nuestra vida, resultados y relaciones, necesitamos aprender a manejarlas, es decir, desarrollar la inteligencia emocional (IE). Me parece que estamos en un momento de la vida donde el reconocerlas y leer el mensaje que nos dan ayuda a que las personas que nos rodean se responsabilicen de las suyas y aprendan a gestionarlas de manera adecuada. Todos tenemos heridas, traumas, emociones que nos cuesta trabajo digerir, pero ¿qué hacemos? Preferimos vivir escudándonos en frases como: "Es que yo soy así y no voy a cambiar." "No puedo con este dolor." "¿Y si se enojan conmigo y me dejan de querer?" Por suerte, al desarrollar mayor IE, creamos relaciones más sanas, lo que tanta falta nos hace en la actualidad.

Las emociones se reflejan en la salud. Para la Organización Mundial de la Salud (OMS), la enfermedad número uno en 2020 será la depresión, que va de la mano de su hermana: la angustia. ¿Sabes por qué se enferman nuestros cuerpos? ¿Por qué nos hacemos más rígidos con el paso de los años, volviéndonos más neuróticos e infelices? ¿Sabes por qué cada día aumentan las adicciones? ¿Por qué cada vez nos sentimos más solos y vacíos?

Porque estamos desconectados de nuestras emociones.

Hablar de este tema me apasiona, porque me di cuenta de que la mayoría somos "analfabetas emocionales", es decir, estamos desconectados de qué y cómo sentimos. Esto se debe a una cuestión muy sencilla. Cuando el bebé nace, tiene desarrollada su capacidad para expresar emociones, llora cuando está triste, grita o pega cuando se enoja, ríe a carcajadas cuando está feliz, en pocas palabras, está conectado a su energía vital de gozo, alegría, amor y libertad. Pero a medida que crece y es condicionado por los papás y figuras de autoridad, el niño aprende que sus expresiones emocionales no son bien recibidas. Frases como "¡no llores!", "¡no grites!", "¡quita esa cara!" o "¿de qué te ríes?" bloquean las expresiones naturales de lo que siente. Al condicionarle el amor y la aceptación aprenderá a reprimir sus emociones, guardarlas y, lo más grave, desensibilizarse por completo. Por otra parte, en la actualidad muchos padres quieren crear el efecto contrario y no decirles nada a los hijos para que no se traumen, es decir, no ponen límites adecuados a las emociones de sus hijos. Al crecer, estos niños tienen cero tolerancia a la frustración y presentan conductas destructivas. ¿Qué es lo ideal? *Poner límites a las conductas, no a las emociones.*

En cuanto a la forma de los padres para educar las emociones, el prestigiado psicólogo de la Universidad de Washington, John Gottman, señala cuatro estilos diferentes:

* **Despreciativo:** los niños aprenden que no está bien sentir, que sus emociones son inválidas o inapropiadas.
* **Condenatorio:** lo mismo que lo anterior. Incluso creen que hay algo mal en ellos por sentir como sienten, generando vergüenza y culpa.
* **No intervencionista:** los padres aceptan a los hijos de forma incondicional, pero no ponen límites a las emociones

destructivas, entonces el niño no aprende a regularlas y no tendrá autogobierno ni tolerancia a la frustración.

* **Emocionalmente competente:** los padres tienen empatía por sus hijos, permiten una sana expresión emocional, ponen límites a conductas inapropiadas, propician un clima de confianza para la expresión de las necesidades, de manera que se genera un clima de intimidad y comunicación en estas familias.

Es de vital importancia reconectarnos con nuestras emociones, validarlas sean las que sean, registrarlas en el cuerpo y expresarlas de una manera adecuada. De hecho, todas las emociones tienen una función evolutiva. El significado que les damos y la manera de actuar a partir de ellas las hace destructivas. Pero vayamos por pasos...

¿QUÉ SON LAS EMOCIONES?

Emoción proviene del latín *emotio* (mover o trasladar) y significa poner en movimiento al sistema cuerpo-mente para una acción concreta, ya sea positiva, negativa o neutra. En este sentido, la emociones necesitan salir del organismo a través de movimientos o palabras, porque las que se quedan dentro se pudren y se llaman síntoma o enfermedad. Además, las emociones son las responsables de cómo reaccionamos ante la vida, qué conductas, actos, reacciones, hábitos, tics y manías desarrollamos. También nos proporcionan señales internas y externas, es decir, información muy valiosa acerca de nosotros y del entorno. ¿Qué hace que las emociones nos metan en problemas? La forma de gestionarlas, la motivación o el significado que hay detrás de cada una, lo que hacemos a partir de ellas.

EMOCIONES = ENERGÍA

Recuerda: los seres humanos somos infoenergía que se manifiesta en todos los niveles: físico, mental, emocional y espiritual. Las emociones son descargas bioenergéticas y se componen de los siguientes elementos:

* **Una parte química:** hormonas y neurotransmisores, formados a su vez de neuropéptidos o MOE (molécula de la emoción).
* **Una parte energética:** esta energía se divide en eléctrica y magnética. En el caso de las emociones, son más magnéticas que eléctricas y tienen mayor carga vibracional que los pensamientos, los cuales son más eléctricos que magnéticos. Las emociones son radiadas a través del campo electromagnético del corazón, el cual es hasta cinco mil veces más potente que el del cerebro.

¿Cuál es el problema? Que el universo es un espejo que dice *sí* a todo lo que le pones atención. Por ejemplo, si te sientes triste, le estás poniendo atención a una situación que te genera tristeza, y al momento de radiar esta tristeza a través de nuestro campo electromagnético del corazón al universo, éste te contestará: "¡Ah, estás triste! Ok, no te preocupes, te voy a enviar más tristeza en tu vida porque eso estás resonando."

Somos humanos y tendremos muchas emociones y expresiones de ellas a lo largo de la vida. El problema es cuando se vuelven hábitos, es decir, cuando se convierten en un estado de ánimo o adicción emocional. En cuanto al tiempo, las emociones pueden durar desde unos cuantos segundos hasta minutos, incluso horas. Los estados de ánimo se dan por periodos prolongados sin tener un detonante claro.

Para la física cuántica todo en el universo está unido por el campo de energía formado por ondas de información. Estas ondas crean la materia al momento en que focalizamos nuestra atención en algo, ya que la onda se convierte en partícula. Las vibraciones resuenan en el universo y sólo atraen las mismas frecuencias. Lo semejante atrae lo semejante. Por lo tanto, necesitamos estar en vibraciones más elevadas para generar una realidad mejor. Si ya sabemos que las emociones son las que tienen una mayor fuerza vibracional, obvio tenemos que enfocarnos en sentir emociones más positivas la mayor parte del día. No sirve de nada que medites en la mañana, que hagas tus decretos, tu *collage*, que escribas tu diario de gratitud o lo que sea, si cuando sales a la calle empiezas con las mismas emociones negativas de toda la vida. Manifiestas las emociones en las que vibras. A mayor vibración, mejor realidad. ¡Acostúmbrate a vivir en positivo! Esto cambiará tus viejas conductas y hábitos repetitivos. Lo más importante para crear una nueva realidad es convertirnos en la persona que quisiéramos ser. ¡Ojo! No quiere decir que no te aceptes, al contrario, a partir de la aceptación de lo que somos es como podemos comenzar a diseñar en quién queremos convertirnos. ¿Qué pensaría, cómo se sentiría y cómo reaccionaría esa persona?

¿PARA QUÉ SIRVEN LAS EMOCIONES?

Siempre están orientadas hacia un proceso o programa biológico: supervivencia, crecimiento y evolución. Es decir, por instinto, nuestro cuerpo está diseñado para sobrevivir y adaptarse al medio antes que cualquier otra cosa. Por eso nuestras reacciones se dan a nivel inconsciente para lograr este objetivo (la mayoría de las veces no estamos en peligro de muerte real, pero para la mente simbólica sí lo estamos). Entre más ligada a la sobrevivencia esté la emoción, más difícil será gestionarla. De hecho, las dos más primitivas en todo el reino animal son el *placer* y el *dolor*. Las principales funciones de las emociones son las siguientes:

* **Descubrir cuáles son nuestras necesidades.** Detrás de cada emoción siempre hay una necesidad. Si no descubres lo que sientes, no sabes qué necesitas y, por lo tanto, no lo satisfaces. ¿Qué pasa cuando no las reconocemos? Vamos por la vida supliendo falsas necesidades, por ejemplo, te sientes triste y necesitas un abrazo, pero comes un chocolate o fumas un cigarro.
* **Aprender.** Si no hay emoción no aprendes, así de sencillo. De hecho, todo lo que recuerdas es gracias a la emoción, ya que fija algo en la memoria. Por ejemplo, cuando me contaron la historia de los reyes Carlos I, II, III, IV, V, etcétera, ¿de cuál creen que me acordé? ¡Claro! ¡De Carlos V, por el chocolate que tanto me gusta! Pero el aprendizaje también puede ser un recuerdo negativo, por ejemplo, si te digo "crisis", ¿qué sientes? ¿Angustia, desesperación, miedo, tristeza?

* **Tomar decisiones.** Al saber qué necesitas cuando identificas qué sientes, puedes tomar decisiones para satisfacer tus necesidades de manera más eficaz (siempre y cuando no te dejes llevar por emociones destructivas).
* **Sobrevivir en situaciones de peligro.** Por ejemplo, si no sintiéramos miedo, no nos protegeríamos de situaciones amenazantes, o si no sintiéramos enojo, no nos defenderíamos.
* **Formar relaciones interpersonales.** Aprendemos a relacionarnos a través de las neuronas espejo con nuestros padres y figuras de autoridad. Ellos son nuestros maestros en la expresión emocional que representaremos más tarde. Por ejemplo, para un niño que fue abandonado o excluido será muy difícil establecer relaciones funcionales en el futuro. La inteligencia emocional (IE) nos ayuda a generar mejores relaciones interpersonales.

¿CUÁNDO NOS METEN EN PROBLEMAS?

* Cuando nos damos cuenta de lo que sentimos y mostramos la emoción correcta, pero en intensidad incorrecta. Por ejemplo, cuando *sobrerreaccionamos* o cuando tiene una duración inapropiada.
* Cuando sentimos la emoción apropiada, pero la expresamos en forma hiriente. Por ejemplo, los pasivo-agresivos.
* Cuando sentimos la emoción equivocada. Por ejemplo, cuando en lugar de reconocer que estás triste, te enojas.
* Cuando no nos damos cuenta de la experiencia emocional ni de la forma en que la expresamos. A esto se le llama negación.

* Cuando las usamos de forma destructiva hacia nosotros o los demás.

DIARIO DE EPISODIOS EMOCIONALES

A continuación te presento un ejercicio súper útil elaborado en el Santa Barbara Institute for Consciousness, para tener mayor conciencia emocional. Te recomiendo que lo hagas todos los días durante una semana. Desarrollar la inteligencia emocional es un proceso que requiere tiempo y dedicación.

Pon atención a un episodio emocional cada día. Usa las siguientes preguntas para enfocarte en los detalles. Escríbelo de inmediato.

DÍA	¿Cuál fue el episodio? Identifica la(s) emoción(es) y las acciones emocionales (comportamiento, palabras, recuerdos, imágenes) detonadas en ti.	¿Cuál fue el detonante? ¿Qué tan rápido estuviste alerta/consciente de que el avalúo automático había detectado un detonante?	¿Cómo se sintieron tu rostro y cuerpo, en detalle, durante este episodio? Describe expresiones faciales, cambio de voz, cualquier sensación que tuviste.	¿Estuviste consciente/alerta de distorsiones en tu percepción (periodo refractario)? ¿Por cuánto tiempo te sentiste emocional?	¿Qué pensamientos están en tu mente ahora que escribes esto? ¿Qué podrías hacer diferente la próxima vez?
Domingo					
Lunes					
Martes					
Miércoles					
Jueves					
Viernes					
Sábado					

¿QUÉ ES LA INTELIGENCIA EMOCIONAL?

Mucha gente habla de la inteligencia emocional (IE) en las organizaciones, cursos de *coaching* o liderazgo, pero no todos saben de qué se trata. Se define como la capacidad humana para sentir, entender, gestionar y modificar los estados emocionales. También empatizar con los estados emocionales de los demás, permitiendo desarrollar una sensibilidad interpersonal y "habilidades sociales ejecutivas", en la que usamos los lóbulos frontales y las neuronas espejo para percibir los estados de ánimo de los otros.

La inteligencia emocional no significa controlar las emociones, sino saber manejarlas y equilibrarlas hacia estados positivos y satisfacción de necesidades mutuas. Para lograrla necesitamos una reconexión a nivel corporal, es decir, reconciliarnos con nuestro cuerpo, tener conciencia de las diferentes sensaciones, aprendiendo a decodificar qué dice el cuerpo en todo momento, ya que es clave para el proceso emocional. Por ejemplo: "Me arde el estómago." ¿Qué me dice ese ardor? ¿Qué me arde en la vida? ¿Cuál es mi enojo? Es decir, a partir de la sensación, me voy al sentimiento y de ahí a la necesidad. En este caso sería: "Me arde y me enoja que no me hagan caso en casa cuando estoy hablando, necesito que me pongan atención." Cuando tenemos clara la necesidad, podemos expresarla con mayor conciencia. La inteligencia emocional en realidad es un trabajo de conciencia y reconexión corporal.

La IE es una herramienta que abarca todas las áreas de la vida. Tiene diversas funciones prácticas y útiles:

* Nos ayuda a tener bienestar psicológico y un desarrollo más armónico y equilibrado de nuestra personalidad.
* Genera y mantiene una buena salud física, disminuyendo o eliminando enfermedades y síntomas producidos por desequilibrios emocionales.
* Promueve mayor entusiasmo y motivación.
* Mejora el desarrollo de nuestras relaciones interpersonales.
* Promueve la comunicación asertiva.
* Ayuda a poner límites.
* Facilita el concientizar nuestras emociones y comprender los sentimientos de los demás (genera mayor empatía).
* Genera mayor tolerancia a las presiones y frustraciones que soportamos en la vida diaria.
* Promueve la cooperación en lugar de la competencia.
* Las personas con elevada IE suelen ser equilibradas, extrovertidas, alegres y seguras.
* Están dotadas de una notable capacidad para comprometerse con las causas y las personas, suelen adoptar responsabilidades, son amables y cariñosas en sus relaciones.
* Resuelven de manera más creativa los problemas de la vida.

CUALIDADES DE UNA PERSONA CON ALTA INTELIGENCIA EMOCIONAL

Paul Ekman y otros especialistas determinaron las características que posee una persona con alto grado de IE, lo cual deriva en una gran autoestima. Las cinco cualidades que encontraron son las siguientes:

1. Emanan una sensación de bondad (no es lo mismo que carisma) en todo momento y con todo lo que les rodea.
2. Tienen falta de interés personal, es decir, ausencia de EGO: no les importa el estatus, ni ser reconocidas.
3. Las demás personas los consideran nutricios: es decir, es agradable estar en su compañía. Generan "presencia" ante los demás. Te sientes a gusto sin saber por qué.
4. Poseen una gran capacidad de atención y concentración: están en el presente, enfocadas en el aquí y en el ahora.
5. Practican el amor y la compasión, que van de la mano de la empatía.

¿CÓMO LA DESARROLLAMOS?

Es un trabajo de mucha conciencia, ya que necesitamos autobservarnos de forma continua para reconocer nuestras señales corporales, emocionales, cognitivas y actitudinales. También es importante reconocer que el cuerpo requiere de ayuda para gestionar mejor las emociones, un cuidado básico: hacer ejercicio con regularidad, cuidar la alimentación (consumir alimentos naturales, frescos y nutritivos), dormir bien, darse espacios para el ocio y la diversión, fomentar el arte. Un tercer factor es tener relaciones afectivas y sociales de soporte y apoyo. Y por último, aprender a convivir con las limitaciones y obstáculos que nos impone la vida.

ADICCIONES EMOCIONALES

pensamientos ⟶ emociones ⟶ reacciones / conductas ⟶ hábitos ⟶ personalidad ⟶ estados del Ser (sistema cuerpo-mente) ⟶ creación de tu realidad.

Los pensamientos (energía eléctrica) generan las emociones (energía magnética), las cuales, a su vez, determinan nuestras acciones, reacciones o conductas. Si repetimos una y otra vez estas conductas (porque tenemos los mismos pensamientos con sus respectivas emociones) generan los hábitos que: *a)* forman los estados de ánimo por los que muchas veces ya no pensamos con claridad; *b)* nos mantienen en una zona de confort, porque los conocemos aunque no nos funcionen y ya ni siquiera somos conscientes de cuál es el factor desencadenante, y *c)* nos dan cierta seguridad y se instalan en el cerebro reptiliano, el de las respuestas inconscientes y automáticas. Los estados de ánimo también se producen durante experiencias emocionales muy intensas o *shocks* emocionales.

Ahora bien, los hábitos repetidos y sostenidos por un largo tiempo forman nuestra personalidad o EGO y, a nivel celular, afectan a nuestros genes. A esto se le conoce como epigenética. ¿Qué quiere decir esto? Si todos los días haces exactamente lo mismo, ¿me puedes decir cómo quieres crear una nueva realidad? Es imposible, porque esta personalidad funciona en los estados del Ser negativo que conoce (depresión, angustia, culpa, tristeza, desesperanza, victimización, vergüenza, carencia, enfermedad, caos, entre otros). Los estados del Ser son tu mente y cuerpo funcionando al unísono, en los que tu cuerpo ya se volvió un adicto emocional porque ha recibido durante años la misma química una y otra vez. Esto hace que tu cuerpo le demande a tu mente su dosis química diaria, por lo cual tu mente creará situaciones para producir estas sustancias a las cuales es adicto tu cuerpo. ¿Quién tiene el control entonces? La mente o el cuerpo... Cuando ya estamos hablando de adicciones, es el cuerpo. Es decir, para crear otra realidad necesitamos estar en estados del Ser más positivos (alegría, esperanza, paz, amor, confianza, abundancia, éxito, salud, gozo, fe, valentía) generados por otros hábitos, que a su vez sean generados por otras conductas, y a su vez sean generadas por otras emociones y pensamientos.

Necesitamos revertir el proceso.

¿Cómo lograrlo? Sigue leyendo este material y haciendo los ejercicios. Poco a poco irás transformando tu realidad. Cuando eres capaz de tener estos estados del Ser positivos, afectas tu ADN, es decir, tus genes, tus células y tu vibración.

El cuerpo responde todo el tiempo a la información que proviene del entorno. Nuestros sentidos y capacidad perceptual son como una membrana celular que permite que pase o no una información del entorno. Por ejemplo, cuando sudamos. El cuerpo responde al estímulo del calor y el cuerpo se adapta al clima. De forma que nutrientes o emociones positivas ¡pueden no estar entrando a nuestras células porque no tenemos los receptores para ello!

Pero pensemos en el caso del miedo. Si en tus células y en tu cuerpo están instaladas las respuestas de esta emoción porque tu madre, durante su embarazo, tuvo estrés crónico, el cerebro dará la instrucción al cuerpo de peligro, activándose así las respuestas de lucha-huida del sistema nervioso simpático, encargado de la tensión en el organismo de forma automática, para que las extremidades reciban más sangre que les permita enfrentar el peligro. Este estrés de la madre provocará que el bebé desarrolle más el cerebro reptiliano (relacionado con la supervivencia) que el neocórtex (relacionado con la inteligencia y creatividad). El estado de ánimo de ella influye hasta 52% en la inteligencia del niño. Esto quiere decir que muchos bebés ya nacen con estrés.

El niño observa todas las reacciones de los padres y del medio, así aprende cómo reaccionar ante los diferentes estímulos. En estas etapas aprendemos a gestionar nuestros sentimientos, comportamientos y conductas.

Ahora imagínate en la etapa adulta. Si quieres tener dinero o una relación de pareja, pero por más que lo intentas no lo logras, se debe a que, muchas veces a nivel inconsciente, tienes estas creencias limitantes grabadas en los primeros años de tu vida, y sin darte cuenta actúas con base en estos programas inconscientes.

Ahora bien, las emociones son sustancias químicas adictivas, igual que una droga. De hecho, para cada droga externa existe una contrapartida interna, es decir, una emoción correspondiente. Por ejemplo, ¿sabías que la heroína tiene un efecto químico parecido a las endorfinas? Es decir, si no producimos endorfinas suficientes (hormona de la felicidad) buscaremos cómo compensar esta carencia, lo cual hará que, por lo menos, nos comamos un chocolate, pero podemos llegar incluso a buscar la heroína para tener una dosis de felicidad.

Nos podemos volver adictos a cualquier emoción. Por ejemplo, las personas adictas a la adrenalina buscan deportes extremos o situaciones de peligro que les den su dosis química emocional diaria. Hay personas adictas a la tristeza, a la culpa, al sufrimiento, etcétera. Y como con cualquier droga, si no recibimos nuestra dosis provocamos de manera inconsciente situaciones que la generen. Además, cada día necesitaremos dosis mayores para producir el efecto deseado. Otras personas son adictas al enamoramiento y pasan de una relación a otra diciendo en cada una que ya encontraron al amor de su vida. Algunas son adictas a la autocompasión y se la pasan creando situaciones de sufrimiento para ser consoladas por los demás. En fin, ¿a qué emociones eres adicto?

La palabra *adicción* viene del prefijo "a" (no) y "dicción" (decir), tragarnos lo que sentimos y necesitamos. Cuando aprendemos a reconocer las emociones, las validamos y satisfacemos de la mejor manera. Al hacerlo empezamos a sanar de forma emocional. Como en la recuperación de cualquier adicción, necesitamos una droga contraria en mayor cantidad y potencia que contrarreste a la negativa. En el caso de las adicciones emocionales es lo mismo. Por ejemplo, si eres adicto al miedo, necesitarás producir situaciones que te generen confianza, coraje y paz en mayor cantidad y potencia que el miedo durante cuarenta días, por lo menos, para que haya un cambio a nivel neuronal y una desintoxicación a nivel celular. Las adicciones emocionales explican por qué caemos en las mismas situaciones una y otra vez.

¿CÓMO TRANSFORMAR NUESTRAS ADICCIONES EMOCIONALES?

Existen múltiples formas de trabajarlas. Antes que nada compra un cuaderno o libreta especial para ellas.

CAMBIAR NUESTRA CONVERSACIÓN INTERIOR

El diálogo interior limitante y agresivo daña la salud y mata las neuronas del hipocampo. Anota en tu libreta lo siguiente:

* Sólo observa el cuerpo (sensaciones)
* ¿Cómo me siento? (emociones)
* ¿Qué me estoy diciendo para sentirme así?
* ¿Qué exageración o distorsión hay en esto que me estoy diciendo?
* ¿Qué me podría decir para sentirme mejor?
* ¿Qué empiezo a sentir con esta nueva conversación?
* ¿Qué noto en mi cuerpo?
* ¿Cuál es el primer paso que tengo que dar? (acción)

Después, cuando en el día tengas una emoción tóxica, realiza los pasos anteriores y verás cómo poco a poco vas venciendo a la loca de la casa (tu mente).

Es importante que realices una lista de las adicciones emocionales que tengas para tomar conciencia de ellas y comenzar a trabajar en la desintoxicación. A continuación te doy una lista de algunas para que te vayas familiarizando. Puedes realizar el test muscular para determinar si estás vibrando o no en alguna de ellas.

EMOCIONES POSITIVAS:	EMOCIONES NEGATIVAS:
1. Aceptación	1. Abandono
2. Afecto	2. Aburrimiento
3. Alegría	3. Aflicción
4. Amor	4. Angustia
5. Armonía	5. Anhelo
6. Asombro	6. Ansiedad
7. Bienestar	7. Añoranza
8. Bienvenido	8. Apatía
9. Bondad	9. Apego
10. Calma	10. Asco
11. Cariño	11. Carencia
12. Compasión	12. Confusión
13. Comprensión	13. Coraje
14. Confianza	14. Culpa
15. Coraje	15. Decepción
16. Cuidado	16. Desamor
17. Curiosidad	17. Desarmonía
18. Ecuanimidad	18. Desconfianza
19. Empatía	19. Deseo imperioso
20. Entusiasmo	20. Desesperación
21. Esperanza	21. Desesperanza
22. Estable	22. Desprecio
23. Éxtasis	23. Dolor
24. Euforia	24. Envidia
25. Fe	25. Estrés
26. Felicidad	26. Frustración

27. Fortaleza	27. Furia
28. Generosidad	28. Impaciencia
29. Gozo	29. Insatisfacción
30. Gratitud	30. Intolerancia
31. Iluminación	31. Hostilidad
32. Interés	32. Humillación
33. Optimismo	33. Lujuria
34. Pasión	34. Melancolía
35. Paz	35. Miedo
36. Perdón	36. Nostalgia
37. Placer	37. Odio
38. Plenitud	38. Orgullo
39. Poderoso	39. Pereza
40. Reconocimiento	40. Privación
41. Satisfacción	41. Insatisfacción
42. Seguridad	42. Rencor
43. Serenidad	43. Rechazo
44. Solidaridad	44. Resentimiento
45. Sorpresa	45. Resignación
46. Ternura	46. Soledad
47. Tolerancia	47. Traición
48. Tranquilidad	48. Tristeza
49. Valentía	49. Venganza
50. Valioso	50. Vergüenza
51. Voluntad	51. Victimismo

Una vez identificada la adicción emocional es importante comenzar con la desintoxicación, utilizando las técnicas que se presentan en este capítulo y en los siguientes.

MECANISMOS QUE DIFICULTAN EL MANEJO DE EMOCIONES

Muchas personas no pueden gestionar sus emociones porque no saben lo que sienten o porque no saben cómo expresarlo. La inteligencia emocional se desarrolla poco a poco.

Los mecanismos disfuncionales, lejos de ayudarnos a resolver, muchas veces se vuelven hábitos de vida, convirtiéndose en círculos viciosos de incapacidad emocional y relacional. Son los siguientes:

* **Supresión:** sé lo que siento, pero no me atrevo a expresarlo.
* **Represión:** no identifico lo que siento y por lo tanto no satisfago mi necesidad.
* **Reacción:** identificas lo que sientes, pero al momento de tratar de satisfacer la necesidad, lo haces a través de reacciones desproporcionadas.
* **Negación:** negamos lo que sentimos porque no lo validamos o sentimos vergüenza, culpa o miedo de que los demás lo sepan.
* **Evasión:** no queremos sentir porque nos da miedo tocar el dolor. Evadimos a través de todos nuestros excesos. Este mecanismo es más común en los hombres.
* **Proyección:** proyectamos en las demás personas nuestras propias emociones. Vemos en el otro nuestro pro-

pio enojo, miedo, deseo, tristeza o cualquier emoción que no nos permitamos expresar.

¿Qué hacemos con estos mecanismos? Lo primero es reconectarnos con las emociones y con el cuerpo, es decir, reconocer qué siento (no qué pienso, creo, opino). Una vez reconocido, hay que percibir en el cuerpo "cómo lo sientes", por ejemplo, a través de pulsaciones, opresión, dolor, sudoración, respiración corta, ritmo cardiaco, etcétera. Esto te permitirá reconectarte con tu cuerpo. También el proceso puede darse al revés; es decir, reconocer las sensaciones corporales para después identificar las emociones. Recuerda que las emociones corresponden al cuerpo y los pensamientos a la mente.

Hasta hace muy poco se creía que pensábamos antes de sentir, pero las señales sensoriales llegan primero a la amígdala a través del tálamo, lo cual quiere decir que, una vez activada la amígdala en respuesta al miedo, nuestros pensamientos serán una consecuencia del mismo y la reacción también. Por otra parte, como reaccionamos con base en nuestras creencias o engramas, sólo repetimos los mismos esquemas una y otra vez.

Me encanta el método de David R. Hawkins para gestionar las emociones. Es tan simple como permitir sentirlas en el cuerpo, en lugar de reprimirlas o suprimirlas. Las emociones son descargas bioenergéticas que, cuando permites que emerjan, sólo duran unos cuantos minutos. Recuerda que la resistencia crea persistencia. Es muy importante que centres tu atención en la sensación corporal, no en el pensamiento.

Por ejemplo: "En este momento siento miedo".

* ¿Dónde lo siento? En la espalda, los hombros, el pecho, el estómago, etcétera.
* ¿Cómo lo siento? Me duelen los músculos, mi respiración es corta y me arde el estómago.
* Ahora cierra los ojos y permite que la emoción emerja en tu cuerpo sin juzgarla.
* Ve tomando conciencia de cómo cambian las sensaciones en tu cuerpo (quizá respires mejor, se diluya la tensión de los hombros y la espalda, te arda menos el estómago, etcétera).

En lo personal, es una de mis formas favoritas para trabajar con las emociones, ya que sólo requiere que estés unos minutos contigo para observarlas y liberarlas.

Las emociones se presentan en nosotros, pero podemos decidir qué hacer con ellas. Como dice la frase popular: "Yo no soy responsable de la cara que tengo, pero sí de la jeta que pongo." O como diría Eleonor Roosevelt: "Nadie puede hacerte sentir mal sin tu consentimiento." Cuando sabemos que podemos aprender a gestionar las emociones, es muy fácil procesarlas. Comienza por preguntarte: "Esto que está pasando ¿merece que entregue mi paz?" Te darás cuenta de que muy pocas cosas en la vida pueden robar tu paz. Sólo acepta lo que sientes sin reprimirlo, negarlo o evadirlo, ya que las emociones no son ni buenas ni malas, simplemente son.

Cuando tengas un problema o un pensamiento negativo que te genere emociones perjudiciales, pregúntate si puedes soltar esa emoción, después, si "quieres" soltarla, ya que la decisión hará que cambies de perspectiva una situación y te devolverá tu poder. Si estás dispuesto, pregúntate cuándo. Si no estás dispuesto, hazte responsable de cargar con esa emoción. Se vale lo que elijas, pero recuerda que estas emociones negativas te dañan.

REGISTRA LO QUE OCURRE EN TU CUERPO

* Piensa en una persona o situación que te preocupe, te moleste o sea un problema para ti. Escribe su nombre en un papel.
* Besa el nombre y póntelo encima del corazón. ¿Qué sientes? ¿Qué te pasa con esto?
* Ahora arruga el papel, hazlo bolita y pásalo por encima de todo tu cuerpo. Escucha a tu cuerpo, ¿cuáles son las sensaciones corporales?

  ¿Estás loca? ¡Es sólo un papel!
* Esto quiere decir que, mentalmente, puedes pensar una cosa, pero corporalmente te pasa otra.
* Ahora desarruga la bolita y escribe detrás el nombre con la mano no dominante. ¿Qué sientes ahora? ¿Hay algún cambio?
* Pasa la bolita por el cuerpo de otra persona y revisa qué sientes ahora. ¿Hubo otro cambio?

EMOCIONES

Contesta las siguientes preguntas:

* ¿Cuál es la emoción que predomina en tu día a día?

* ¿Qué ganas con ella? (Seguro responderás que nada... Te pido que seas honesto y descubras qué ganas al tener esa emoción. En todo lo que hacemos ganamos y perdemos algo.)
* ¿Qué pierdes con ella?
* ¿Cuál ha sido el costo en tu vida? Desde síntomas físicos, hasta problemas reales. Recuerda que generas lo que sientes.
* ¿Cómo reaccionas o qué empiezas a hacer cuando tienes esa emoción? (Conductas.)
* ¿Cómo sería tu vida si usaras esa emoción de forma correcta?
* ¿Cómo reaccionan las personas que te rodean cuando presentas esa emoción?
* ¿Realmente te quieres liberar de ella?

¿Qué pasa a nivel cerebral con las emociones?

1. En primer lugar se produce un estímulo del exterior que percibimos a través de nuestros sentidos.
2. Le damos una interpretación o significado a ese estímulo de acuerdo con nuestras creencias.
3. El hipotálamo libera neuropéptidos (MOE, moléculas de la emoción) en el flujo sanguíneo con la nueva información, que va a través de la sangre al corazón, el cual la bombea hasta llegar a cada una de las células, entrando a ellas a través de los receptores celulares y transformándolas.
4. Este estímulo desencadena una emoción.

5. La mente elabora un sentimiento, es decir, la historia acerca de lo sucedido, que conlleva una o más emociones. Las emociones son del corazón, los sentimientos de la mente, es decir, la interpretación de lo que nos pasa. Hoy se sabe que sentimiento y creencia es lo mismo.

¿CUÁL ES EL PROCESO?

Existen dos fases:

* Fase de emoción
* Fase de sentimiento

Sentimos una emoción porque existe un estímulo poderoso suficiente para desencadenar una reacción en nosotros, comenzando por el cuerpo. El sentimiento es algo más elaborado, ya que es la narrativa que nos decimos acerca de una situación y puede tener una o más emociones. Por ejemplo, conoces a una persona que te encanta físicamente; a partir de ahí, en segundos empiezas a elaborar una historia con la que generarás la excitación, ansiedad, alegría y quizá hasta enamoramiento. Esto quiere decir que las emociones son del cuerpo y los sentimientos son los que alimentan nuestras narrativas.

Paul Ekman es uno de los grandes especialistas en el tema de las emociones, es el responsable del trabajo con las microexpresiones del rostro y colaboró en la película de Pixar *Intensamente* y en la serie de televisión *Lie to Me*. Menciona que las emociones viajan muy rápido afectando los órganos del sistema nervioso autónomo, y en algunos casos viajan en fracciones de segundo por nuestro organismo (antes de que podamos pensar), de ahí la importancia de volvernos mucho más observadores de nosotros y las sensaciones de nuestro cuerpo. Las emociones presentan un periodo refractario, en el que muchas veces no estamos capacitados para pensar con claridad. Ekman sugiere lo siguiente:

* Identificar el factor desencadenante.
* Reflexionar acerca de la situación, es decir, reevaluar lo ocurrido.
* Practicar nuevas formas de respuesta a las habituales.

EL CEREBRO EMOCIONAL

Las principales partes del cerebro involucradas con nuestras emociones son:

1. **La amígdala.** Es el "centro primitivo del miedo", reacciona de forma directa ante los acontecimientos del momento presente para provocar la reacción fisiológica de lucha, huida, parálisis o sumisión (respuestas ante el miedo). Es el sistema de alarma de nuestro cuerpo.
2. **El hipotálamo.** Cuando la amígdala da la señal de peligro, el hipotálamo segrega la corticotropina (la hormona que se presenta en situaciones de emergencia) y nos percibimos ante una amenaza de vida o muerte, preparándonos para la reacción consecuente y liberar una serie de hormonas y neuroquímicos en el cuerpo y el cerebro.
3. **El tálamo.** Es nuestra estación de señales por donde llegan todos los estímulos que percibimos del medio ambiente. Y junto con la amígdala envía información de

forma instantánea a los hemisferios cerebrales para su análisis.

4. **Lóbulos prefrontales.** Son nuestra parte creativa y pensante. Contrarresta la activación de la amígdala. La corteza prefrontal izquierda está asociada a las emociones positivas como el optimismo y el entusiasmo.
5. **El hipocampo.** Se encarga de adaptar las emociones al contexto específico en el que se presentan. Está muy ligado a la memoria. La depresión y el estrés postraumático se asocian a disfunciones en este órgano, donde se ha descubierto una disminución en su tamaño por las altas dosis de cortisol.

Si te fijas, en realidad reaccionamos con base en nuestras historias del pasado y no en la realidad. Percibimos a través del tálamo lo que nuestras creencias nos permiten ver y activamos la amígdala de forma innecesaria en la gran mayoría de las ocasiones, reaccionando como si estuviéramos en peligro de muerte cuando en realidad no lo estamos. Biológicamente, al cuerpo le da igual si la amenaza es real o no, reaccionará de la misma manera. Por ejemplo, una cebra que es perseguida por un león, una vez que logra huir de él, seguirá pastando muy tranquila; en cambio, los seres humanos le damos vueltas y vueltas a una situación, generando las sustancias del estrés las 24 horas del día, los 365 días del año. Es decir, nos quedamos "pegados" a los mismos pensamientos y emociones. En el caso de la cebra, repetiríamos pensamientos como: "Mugre león, casi me mata, ¿qué hubiera pasado si me alcanza? ¿Y si regresa? ¿Andará cerca de aquí? Mejor me protejo por si acaso..."

La clave para dejar de sufrir está en "aceptar" todo lo que es y todo lo que está, en lugar de resistir y seguir sufriendo. Cuando aceptamos, nos permitimos abrirnos de nuevo al mundo de las posibilidades, cambiamos el foco del problema al desafío, pero sobre todo, pasamos del miedo al amor, ya que nos tratamos con mayor compasión. Esto nos hará vivir en mayor paz y gozo. Asimismo, cuando aceptamos al otro y a lo otro, podemos dejar de juzgar lo que mejora nuestras relaciones y nos lleva a buscar soluciones.

EL CORAZÓN ES CLAVE EN EL PROCESO EMOCIONAL

En los años ochenta, las investigaciones de John y Beatrice Lacey en el National Institute of Health reportaron que aparte del tejido muscular y conjuntivo, entre 60 y 65% de las células que componían el corazón eran neuronas idénticas a las que forman el cerebro. ¡Tenemos más de 40 mil neuronas en el corazón! ¡Con axones y dendritas idénticos a las del cerebro! Es decir, pensamos con el corazón y sentimos con el cerebro, ya que su región límbica está en continua comunicación con el corazón. Además, hoy se sabe que la mitad de las neuronas del corazón están conectadas con los principales órganos del cuerpo e influyen en ellos.

La piel, la médula espinal y el estómago también contienen neuronas. Nuestro cuerpo y cada una de nuestras células absorben e irradian energía. Se han tomado fotografías del ADN irradiando y absorbiendo luz. ¡Esta energía o campo electromagnético está ligado a todo en el universo y se nos olvida! ¡Somos seres de luz!

El Instituto HeartMath® es pionero en el estudio del corazón, considerado el cuarto cerebro y teniendo el campo electromagnético más grande del cuerpo humano (hasta cinco mil veces mayor que el del cerebro) e influye directamente en él. Mide casi 2.5 metros alrededor del cuerpo, y cuando abrimos el corazón al amor puede medir mucho más. Asimismo, las ondas cerebrales se sincronizan con el ritmo cardiaco y con la respiración, generando la "coherencia del corazón".

Cuando estamos abiertos al amor, nuestro campo electromagnético se expande. Estas vibraciones invitan a los demás a acercarse a nosotros, generan mejor salud, mayor éxito y abundancia. En cambio, cuando estamos en el miedo, es decir, cerrados al amor (el miedo es la ausencia de amor), nuestro campo electromagnético se reduce, lo cual provoca el efecto contrario, las personas no se nos quieren acercar, tenemos problemas para relacionarnos, nos enfermamos y no concretamos nuestras metas.

Para concluir este punto me gustaría que cobráramos conciencia de la importancia que tienen nuestros pensamientos y emociones no sólo en nuestra vida, sino también en la vida de todo lo que nos rodea, ya que a través de este campo electromagnético nos comunicamos directamente con todo y lo afectamos. Recuerda que estamos unidos por el "campo", y si tus sentimientos son de miedo, culpa, envidia, vergüenza, apatía, ¿cómo crees que vas a afectar a los y a lo que está a tu alrededor? Por eso, en estos tiempos de tanta violencia necesitamos vibrar más en el amor, en la paz, en la armonía.

PAUTA DISFUNCIONAL CRÓNICA

El siguiente ejercicio del Instituto Humanista de Psicoterapia Gestalt (IHPG) te ayudará a descubrir necesidades que quizá todavía tienes y es importante que hoy, como adulto, las satisfagas. Puedas encontrarlo en los videos de RA de este capítulo o en www.elimartinezseruno.com/recursos.

1. **Pensamiento repetitivo o acción repetitiva (pauta disfuncional).** Escribe algún pensamiento, hábito, comportamiento o compulsión que hoy te esté causando problemas.
2. **Causa primaria.** ¿Cuándo comenzó? Trata de irte al momento exacto en que empezó este problema. Escribe los sonidos, aromas, colores, imágenes de lo que sucedía, pero en tiempo presente y en primera persona (como si fuera un cuento). Por ejemplo, tengo ocho años, estoy en el parque y mi problema es...
3. **Sensaciones que lo acompañan.** Escribe las sensaciones corporales que tuviste en ese momento y ahora que estás haciendo el ejercicio. ¿Son las mismas?
4. **Sentimientos que lo acompañan.** Escribe todas las emociones implicadas en la pauta disfuncional.
5. **Necesidad pendiente.** ¿Qué te hizo falta en ese momento? Protección, seguridad, amor, compañía, cuidado, ternura, aceptación, etcétera.
6. **Necesidad actual.** ¿Qué te hace falta ahora? ¿Es la misma necesidad?
7. **Superhabilidades.** ¿Qué haces hoy para seguir pensando lo mismo o teniendo el mismo hábito, comportamiento o compulsión?

8. **Inhabilidades.** ¿Qué es lo que necesitas ser, hacer o aprender para que ya no se repita la misma pauta?
9. **Pensamiento repetitivo.** Regresa al momento original del problema y trata de recordar qué te dijiste a partir de ese momento. Por lo general, es con un lenguaje infantil. Por ejemplo: "Nadie me quiere", "Si pido algo se enojan conmigo", "Tengo que ser bueno".

CLASIFICACIÓN DE LAS EMOCIONES

Existen muchísimas clasificaciones de las emociones. En su libro *Emociones destructivas* (2013), Daniel Goleman, junto con otros grandes especialistas en el tema y con la colaboración del Dalai Lama, realizaron diferentes planteamientos sobre la diferencia en la forma en que manejamos las emociones en Oriente y Occidente. Por ejemplo, para los budistas existen seis emociones destructivas principales:

1. El apego o deseo:
    * Avaricia
    * Autoestima exagerada: yo lo traduciría como soberbia o narcisismo
    * Excitación (no poder calmar la mente por nuestros apegos)
    * Ocultamiento de los defectos
    * Embotamiento
    * Envidia y celos (que también se relaciona con la ira)
2. La ira:
    * Cólera
    * Resentimiento

  * Odio
  * Rencor
  * Envidia y celos
  * Crueldad
  * Hostilidad
3. El orgullo (soberbia)
4. Ignorancia e ilusión. La ilusión está muy ligada al deseo, tanto que lo vemos en las relaciones codependientes en las que idealizamos al objeto del afecto, nos volvemos adictos a la "ilusión" de que el otro cambie o recordando los dos minutos de placer que tapan un mar de dolor. De aquí se desprenden:
  * Fe ciega
  * Pereza espiritual
  * Olvido
  * Falta de atención introspectiva
  * Petulancia
  * Engaño
  * Desvergüenza
  * Desconsideración hacia los demás
  * Falta de escrúpulos
  * Distracción
5. La duda
6. Las visiones erróneas

Paul Ekman, al estudiar durante muchos años las microexpresiones del rostro, describe seis emociones básicas universales:

1. Alegría
2. Ira
3. Miedo
4. Asco
5. Sorpresa
6. Tristeza

LA CHAMBA

Otra clasificación muy utilizada en la Gestalt, es el MATEA, el cual analizaremos a continuación.

EMOCIONES BÁSICAS (MATEA)

En realidad las emociones más primitivas son el placer y el dolor. Hasta los organismos más pequeños tienden a buscar el placer (sobrevivencia) y huir del dolor (muerte). Pero tenemos emociones primarias que se presentan en nuestra vida de forma continua y se conocen como el MATEA: miedo, alegría, tristeza, enojo y amor.

Hagamos un pequeño ejercicio para calibrarlas. En el acróstico de la página siguiente numera del 1 al 5 tus emociones a lo largo del día (1 la que más vivas y 5 la que menos). Por ejemplo, como soy psicoterapeuta, soy buenísima y me la paso dando amor a todo el mundo, por lo cual pondría 1 en el Amor y nunca me enojo, por lo que pondría 5 al Enojo; como soy tan amorosa, casi todo el día me la paso alegre, así que pondría 2 a la Alegría y casi nunca me pongo triste, por lo que a la Tristeza le pondría 4. Por último, a veces reconozco que estoy estresada, así que le pondría 3 al Miedo. Trata de ser honesto contigo a la hora de enumerar...

* **M**iedo ( )
* **A**legría ( )
* **T**risteza ( )
* **E**nojo ( )
* **A**mor ( )

¿Listo? Vamos a las sorpresas...

* la emoción 1 tapa a la 5,
* la emoción 2 tapa a la 4, y
* la emoción 3 es el punto de equilibrio.

¿Qué quiere decir esto? Veamos mi ejemplo: con amor tapo mi enojo, es decir, me la paso rescatando a todo el mundo, dando sin poner límites (porque no me enojo). Es decir, soy salvadora. Como no pongo límites y me trago mi enojo, seguro voy hacia una enfermedad autoinmune o a una depresión. Después, con alegría tapo mi tristeza, es decir, soy del club de las optimistas y me cuesta trabajo soltar (pensamientos, personas, emociones, situaciones, objetos, etcétera); es decir, no toco el dolor y lo convierto en sufrimiento. Y por último, el miedo es la emoción que tendría más equilibrada en este momento. Veamos diferentes combinaciones:

* A las personas que tienen 1 en Miedo y 5 en Amor, les da miedo el amor.

* Las que tienen 1 en Tristeza y 5 en Amor, asocian el amor con sufrimiento.
* Las personas que tienen 1 en Enojo y 5 en Tristeza, seguro serán hombres y es algo muy normal en ellos. ¿Por qué? Tiene que ver con patrones muy arcaicos. Imagínate en la época de las cavernas, cuando se iban a cazar al mamut. ¿Qué pasaba si mostraban debilidad? Pues implicaba muerte... Es desde allí que para sobrevivir el hombre aprende a vencer su miedo y su dolor. Es importante que el hombre se permita tocar el dolor con alguno de los mecanismos que propongo en el siguiente capítulo.
* A quienes tienen 1 en Miedo y 5 en Tristeza, les da miedo tocarla. Este mecanismo también es bastante normal, ya que el enojo oculta al miedo y el miedo encubre al dolor. Es decir, preferimos enojarnos antes que reconocer que tenemos miedo, y preferimos reconocer que tenemos miedo antes que sentir dolor. Por desgracia, la tristeza tiene muy mala fama, pero es imprescindible manejarla para poder soltar y fluir en la vida.
* Cuando tengas la combinación Amor 1 y Alegría 5 o viceversa, quiere decir que manejas de forma adecuada las dos emociones.
* Otra combinación común es cuando en Alegría ponen 1 y en Tristeza 5. Estas personas evaden a través de la risa, las bromas, no tomarse nada en serio, el alcohol, las amistades o lo que sea para no tocar el dolor. Muchas veces detrás de la risa está el llanto.
* Cuando tengas 1 en Alegría y 5 en Enojo quiere decir que minimizas el enojo, tratando de ser positivo y optimista, por lo que tampoco sabes poner límites.

* Lo mismo aplica para las emociones 2, que tapan a las emociones 4 en todos los casos anteriores.

MAPA EMOCIONAL

EMOCIÓN	¿Cómo la expreso?	¿En qué situaciones o con qué personas se me facilita mostrarla?	¿En qué situaciones o con qué personas se me dificulta mostrarla?	¿Cómo mostraban en mi casa de origen esta emoción?	Del uno al diez, ¿qué tanto la expresas en el día a día?
Miedo					
Alegría					
Tristeza					
Enojo					
Amor/ afecto					

Ahora veamos las características principales de cada una de las emociones del MATEA.

1. Miedo. Su opuesto es la confianza

Cuando no vivimos en el amor, vivimos en el miedo, el cual podría definirse como la ausencia de amor. Si estamos en el miedo utilizaremos las respuestas automáticas de lucha-huida del sistema nervioso simpático (SNS), permaneciendo en un estado de alerta permanente porque sentimos una amenaza que nos produce malestar, enfermedades y falta en el logro de nuestras metas.

Por un lado, el miedo tiene la función de protegernos del peligro y, por el otro, de adaptarnos al cambio. El miedo positivo es la "prudencia", la cual nos indica que debemos detenernos para evitar peligros.

Los niveles del miedo son: ansiedad-angustia-estrés-miedo paralizante.

La ansiedad es el primer síntoma. Aquí comenzamos a sentirnos inquietos, como que algo nos falta o sobra en el ambiente, pero no nos detenemos a revisar qué necesitamos y se convierte en "angustia". Esta palabra proviene del latín *angustia* (angosto), es decir, empezamos a sentir la respiración entrecortada, opresión en el pecho, sudoración, manos frías y síntomas físicos como gastritis, colitis, insomnio, migraña, dermatitis, etcétera, pero como no le hacemos caso, se convierte en estrés crónico. El estrés es un estado sostenido de angustia, con enfermedades y síntomas cada vez más graves, así como compulsiones o adicciones para calmarlo; como no resolvemos el estrés, se convierte en un miedo paralizante. Éste se manifiesta a través de depresión, ataques de pánico y enfermedades muy graves como cáncer, fibromialgia, cálculos renales, entre otras. ¿Qué es lo importante aquí? Transformar el miedo en estrés, el estrés en angustia y la angustia en ansiedad para ver qué necesitas, pero, sobre todo, para ver la parte real de la historia que te estás contando, ya que nuestros miedos son generalmente fantasía.

Los miedos se clasifican en:

* **Pánico:** se refiere a un estado momentáneo de desorden en cuanto a las sensaciones y el comportamiento, no el detonante.

* **Angustia:** asociada con la tristeza también, es una emoción que puede derivar en pánico y terror si no se trabaja a tiempo.
* **Fobia:** desorden extremo en que la persona está consciente de que es irracional.
* **Pavor:** experiencia subjetiva.
* **Terror:** es el estado máximo del miedo.
* **Horror:** combina terror y repugnancia, no es una palabra sólo del miedo, es una mezcla.
* **Ansiedad:** sensación momentánea de miedo o desorden.
* **Petrificante:** acción de congelarse; se refiere al comportamiento de parálisis.
* **Fuera de sí:** se refiere a la consecuencia del miedo, pérdida de control.
* **Amenaza:** detonante o percepción del detonante. Miedo a la sobrevivencia.
* **Inquietud:** precursor de un número de emociones y estados mentales, en los que no nos hemos detenido a analizar la veracidad de nuestro pensamiento.
* **Preocupación:** estado de baja intensidad (esto puede ser un estado de ánimo).
* **Susto:** en términos generales, denota la presencia de miedo.

A nivel fisiológico, el miedo afecta el tracto digestivo y los órganos asociados por excelencia son los riñones y las vías urinarias. Cuando tenemos niveles elevados de estrés se inhibe la producción de serotonina y se desconecta la comunicación del tubo digestivo con el cerebro. Las bolsas en los ojos son un claro indicativo de que los riñones no están funcionando de forma adecuada, por lo que seguro tienes esta emoción.

Algunas recomendaciones sencillas para trabajar con el miedo son:

* **Relaja tu boca y la lengua:** ya que se activa el sistema nervioso parasimpático (SNP), relacionado con la relajación, la digestión y el reposo.
* **Abre un poco la boca:** esto ayuda a disminuir los pensamientos obsesivos, porque reduce el movimiento inconsciente de la boca y la lengua cuando tenemos desatada a la loca de la casa.
* **Relaja tu diafragma:** este músculo interviene en nuestra respiración y ayuda a llenar los pulmones de aire. Pon tu mano en el estómago por debajo de tus costillas y respira como si quisieras empujar tu mano hacia fuera.
* **Sonríe:** aunque no tengas motivos, intenta sonreír el mayor tiempo posible, ya que esto ayuda a producir endorfinas que inhiben la producción de adrenalina y cortisol. Recuerda que la mente no distingue la realidad de la fantasía, así que hazle creer que estás feliz.
* **Visualiza alguna situación que te ponga feliz:** imagina situaciones que te pongan alegre, contento o feliz hasta que produzcas las emociones correspondientes antes de afrontar una situación que te dé miedo.
* **Brazos cruzados y manos en los hombros:** Al estudiar a las tribus de Nueva Guinea, Paul Ekman observó una postura que usan cuando se sienten a gusto, y es simplemente cruzar los brazos y colocar las manos sobre los hombros: significa que estás contigo y te estás conteniendo de alguna manera.

2. Alegría. Su opuesto es la tristeza

Ramtha la define como "el sublime movimiento del YO permitido". ¿No te parece hermoso? La alegría es el gozo de la vida, es la creatividad, es el niño expresado. Entre más te permitas sacar a la luz a tu niño, más disfrutarás de la vida, ya que es la parte que se sorprende, juega, ríe a carcajadas, hace travesuras, explora, disfruta la sexualidad y es más libre.

Si estás desconectado de esta emoción (muy común en los dependientes emocionales) es muy importante que te des permiso de experimentarla. Deja de ver tanto drama en la televisión y procura ver comedias, tomar un curso de risoterapia, realizar actividades que disfrutes como deporte, baile, teatro, canto o lo que gustes. Fomenta la curiosidad, la capacidad de asombro y la creatividad. Relaciónate con personas positivas de las que aprendas cosas nuevas. Date el permiso de hacer algo que nunca hayas intentado. Lo importante es vivir cada día con un poco más de alegría. Salir del "deber ser" y entrar en "el querer ser". Vuelve a disfrutar del momento presente y de las cosas simples de la vida. ¿Hace cuánto que no haces una travesura?

A nivel fisiológico, produce varias hormonas muy importantes: endorfinas (hormona de la felicidad), dopamina (hormona de la confianza y creatividad), serotonina (encargada de sentir bienestar), oxitocina y vasopresina (están asociadas con el placer y la intimidad).

3. Tristeza. Su opuesto es la alegría

La tristeza es una emoción que, como te decía, nos ayuda a procesar el dolor y a soltar. Indica que tenemos la sensación de perder algo. Que es momento de hacer introspección porque hay algo en nuestra vida que no va bien. Recuerda: el dolor duele, no mata. Conforme toques la tristeza, resolverás tu vida con más facilidad.

Para algunos autores, tristeza y angustia son lo mismo porque tienen una expresión facial parecida. La tristeza se refiere a un aspecto pasivo en el que se asimila una pérdida, mientras que en la angustia se presenta una reacción y resistencia ante la misma. Tanto tristeza como angustia se detonan por la pérdida de algo o alguien con quien sentimos una fuerte conexión.

¿Sabías que la tristeza afecta más de setenta áreas cerebrales? Entre ellas, las que procesan el conflicto, el dolor, el aislamiento social, la memoria, los centros de recompensa del cerebro, la capacidad de atención y las sensaciones físicas. Por eso nos duele el cuerpo cuando estamos tristes, sobre todo el área del pecho. Se siente atrás del esternón. Ésa es su casa. Las enfermedades asociadas son las de las vías respiratorias, en especial las pulmonares, indican duelos no concluidos.

EMOCIONES ASOCIADAS CON LA TRISTEZA

* **Desesperación:** por lo general acompaña a la angustia. Lleva a una falta de acción.
* **Desesperanza:** una reacción más severa a la tristeza. La pérdida de la esperanza nos puede llevar a sentir indefensión, donde el discurso será: "No hay nada que pueda hacer con esto..."
* **Dolor/duelo:** un proceso más grande que una emoción de tristeza.
* **Lamento:** describe la acción en respuesta a la emoción.

* **Privación:** describe la sensación de pérdida. "Tengo algo y me lo quitan."
* **Agonía:** forma extrema de la angustia.
* **Nostalgia:** detonante a la tristeza. Como te he mencionado, se refiere a sufrir por aquello que tuve y hoy no tengo. El apego a lo que se tuvo.
* **Miserable:** es un estado de ánimo negativo, más que una emoción.
* **Pesar:** arrepentimiento.
* **Decepción:** una respuesta leve a la pérdida, donde hubo alguna expectativa no cumplida.
* **Sombrío:** energía baja y estado de ánimo.
* **Lamentable:** una sensación más fuerte que la angustia.
* **Desánimo:** se aleja de los demás.
* **Angustia:** comportamiento que es respuesta a la tristeza.
* **Aflicción:** nivel de energía bajo.
* **Abatimiento:** invita a la reaseguración.
* **Desaliento:** baja energía; describe sensaciones físicas.
* **Descorazonado:** respuesta leve a la pérdida.
* **Abandono:** el detonante a la tristeza (y otras emociones).
* **Soledad:** puede ser un estado de ánimo.
* **Depresión:** es un estado de ánimo.
* **Disforia:** estado de ánimo acompañado de depresión, irritabilidad, inquietud y ansiedad.
* **Melancolía:** se refiere a sufrir por lo que nunca se tuvo.

Te comparto tres estrategias sencillas para transformar la tristeza:

* **Cambia el foco:** en lugar de centrarte en los pensamientos negativos, comienza a valorar lo que sí tienes, es decir, agradecer en lugar de quejarte. También, recuerda momentos alegres de tu vida o mira una película divertida.
* **Relájate:** medita, visualiza o realiza técnicas de respiración (te muestro algunas en el próximo capítulo), lo cual te ayudará a bajar el estrés. Por ejemplo, puedes visualizar una imagen de algo que te relaje, ya sea el mar, un bosque, etcétera. Centra tu atención en esa imagen, los detalles de esa escena mientras respiras, inhalando y exhalando hasta que te sientas tranquilo.
* **Sonríe:** aunque no tengas ganas, ya que la mente cree los mensajes que le envía el cuerpo. La risa genera serotonina, que es la hormona del bienestar.
* **Pon atención consciente a todo lo que realizas:** comer, abrazar, trabajar, manejar... Es decir, regresa al presente.
* **Busca relaciones de apoyo en lugar de aislarte.**

4. Enojo (ira). Su opuesto es la tolerancia

El enojo es una emoción fundamental en el ser humano, ya que nos ayuda a poner límites y defendernos del peligro. Nos ayuda a eliminar los obstáculos que se interponen en nuestro camino y nos frustran, también nos da la fuerza y motivación para confrontar situaciones injustas. Elsa Punset menciona que es necesario para generar la justicia social. Si no te enojas, además de que te invaden, no satisfaces tus necesidades. Imagínate un león que no se enoje, ¿qué pasaría? Pues los demás animales invadirían su territorio, se comerían a las crías, se llevarían a las hembras y le quitarían su alimento. Asimismo, las mujeres tenemos menos desarrollada nuestra capacidad de expresar el enojo por cuestiones culturales. ¿Qué te decían o qué pasaba si te enojabas cuando eras niña? ¿Se molestaban tus papás? ¿Qué decían acerca del enojo en casa? Anota las creencias limitantes. Las mujeres por lo general nos ponemos tristes en lugar de enojarnos, ya que la tristeza está más permitida. Por eso se deprime un mayor número de mujeres que de hombres. Lo importante, como diría Aristóteles, es saber manifestar el enojo de la manera adecuada, con la persona adecuada, en el momento adecuado, en el lugar adecuado.

Los síntomas físicos del enojo se sienten en un ritmo cardiaco acelerado, sudoración y manos calientes, así como en el estómago o en la garganta (palabras por decir). Los órganos asociados con el enojo son todo el tracto digestivo, desde los labios hasta el ano, pasando por boca, garganta, esófago, estómago, hígado, vesícula, páncreas e intestinos. Para los chinos, el hígado y la vesícula son los órganos por excelencia asociados con esta emoción.

Tenemos dos tipos de enojo:

* **La agresión:** proviene del latín *aggrĕdi*, que significa digerir. Es el enojo saludable. Quiere decir que necesitamos reconocer los límites requeridos en un momento determinado y ponerlos. El problema es que en vez de detenernos a escuchar con atención y sin juzgar, tratando de empatizar con el otro, ya estamos pensando qué le vamos a responder para ganar el conflicto y demostrar que tenemos la razón. Es importante hacer este alto en nuestra comunicación, estar presentes para el

otro, darnos cuenta de nuestras mutuas emociones y necesidades para lograr acuerdos ganar-ganar, donde las necesidades de ambas partes sean validadas y satisfechas de alguna manera. Cuando podemos resolver los conflictos, ello nos lleva a crear lazos de confianza, lealtad e intimidad.

* **La hostilidad:** proviene del latín *hostīlis*, que significa aniquilar y destruir. Al igual que en el enamoramiento, el cerebro se "dopa" de neurohormonas, por lo que no pensamos con claridad y nos vamos con todo a destruir al enemigo. Son esos casos en los que, cuando las sustancias cerebrales ya descendieron, la persona se pregunta: "¿Por qué lo mate?" "¿Por qué le dije eso?" "¿Por qué le pegué?" En las guerras justo vemos hostilidad (apela a la sobrevivencia).

¿Cómo manejamos el enojo? Una de las formas más fáciles es poniéndonos en los zapatos del otro. Es decir, ser empáticos, ya que esto genera la paciencia y tolerancia que necesitas en un momento dado. Otra forma es preguntarte de qué tienes miedo, ya que detrás del enojo siempre está el miedo. Ponle nombre y apellido al temor que sientes (ser rechazado, juzgado, controlado, invadido, abandonado, burlado). Cuando lo hayas identificado, pregúntate qué necesitas. Aceptación, inclusión, comprensión, libertad, compañía, respeto o lo que sea. El tercer paso es expresar esta necesidad con claridad.

Si estás muy enojado y sientes que se pueden salir las cosas de control es muy importante que abandones el espacio físico antes de que la situación pueda tornarse más violenta. Utiliza "la prudencia", es decir, el miedo positivo que te ayudará primero a pensar antes de actuar. Tómate el tiempo necesario para observar las sensaciones en el cuerpo sin juzgarlas, para escuchar más a tu cuerpo, ya que es una manera de comenzar a gestionar la energía y dejarla pasar. Esto dura unos cuantos minutos y te permitirá tener la mente clara para hablar de tu necesidad sin herir o lastimar a tu interlocutor.

Otra forma de trabajar con el enojo es a través de actividades físicas donde puedas sacar la energía, por ejemplo, el típico ejercicio de pegarle con un cojín o con la almohada a un mueble o a una pared, golpear una pera de box, golpear una pelota con un bate, hacer un berrinche literal en el que brinques y grites como niño, romper un papel en pedacitos o rayar una hoja. Todo esto deberás hacerlo con movimientos y palabras al mismo tiempo, hablando como si estuvieras con la persona. Cuando saques la energía y los niveles hormonales bajen, pensarás con mayor claridad y expresarás el límite de forma adecuada.

Esta emoción, al igual que la tristeza, necesita salir del organismo a través de movimientos y palabras.

En cuanto a los niños, es importante validar su enojo. Podemos tomarlo de la mano y decirle: "Veo que estás enojado. Vamos a tranquilizarnos, yo te ayudo a calmarte. Lo haré contigo. Respiremos juntos." Hazlo y verifica si se siente más tranquilo.

¿Qué nos hace enojar? De estos detonantes, analiza cuál es el más común en ti:

* La injusticia
* La necedad

* Falta de respeto
* Estar frustrado en lo que quieres, ser malentendido
* La traición
* El abandono
* Ser falsamente acusado
* La invasión
* Enojo de otro (uno de los problemas con el enojo es que es difícil no reciprocarlo; el enojo puede también detonar miedo)
* No conseguir algo importante

¿Cuáles son los tipos de enojo-ira?

* Rabia
* Resentimiento
* Odio (querer la infelicidad del otro)
* Rencor
* Pasivo-agresivo (resistencia a ciertas figuras de autoridad)
* Desprecio
* Venganza
* Envidia

5. Amor/afecto. Su opuesto es la indiferencia y el odio

El amor es desear la felicidad del otro. Por desgracia, la mayoría vivimos una confusión con respecto a qué es el amor. El amor está ligado a un compromiso a largo plazo, a una identificación profunda con otro ser humano. Es un estado natural de las personas ligado a la empatía y a la compasión (que te duela el dolor del otro). El amor está dentro de nosotros, pero pensamos que debemos buscarlo afuera, que "otro" es quien nos lo va a dar. Es decir, cargamos nuestras relaciones de "expectativas" (fantasías acerca de lo que el otro debería tener, hacer o ser para que estemos felices).

Nunca en la historia de la humanidad se habían tenido tantas expectativas acerca de la pareja como en la actualidad. Y cuando el príncipe azul o la princesa rosa no funcionan de acuerdo con dichas expectativas, comenzamos a exigir: "Si me quisieras cambiarías." ¡Eso es puro egoísmo! El día que aceptes el amor que hay en ti, en cada una de tus células, en la perfección de lo que eres, en tus defectos e imperfecciones, estarás preparado para ofrecérselo a alguien más y en resonancia para recibirlo.

El amor, entre más libre, más real; entre más condiciones tenga no es amor, es miedo y necesidad de que otra persona se haga cargo de ti.

Los requisitos para un amor pleno son:

* **Confianza.** Es la raíz del amor. Una relación con mucho amor pero poca confianza, está destinada al fracaso.
* **Respeto.** Es aceptar que el otro es otro, con gustos, intereses, necesidades, aficiones, amistades diferentes a las mías y que yo no puedo decirle que sea distinto.
* **Honestidad.** ¿El otro tiene que saber todo de ti? Ésa es una creencia muy arraigada y errónea. Tienes derecho a tener tus secretos y tu vida íntima, pero en cuanto a la información que atañe a la relación, es importante ser lo más honesto posible, siempre y cuando contribuya al bien de la misma.

* **Buen manejo del poder.** Es el uso de la información en la relación. Tú eres, haces o tienes más de algo que el otro y no por eso lo usas para lastimarlo.

Otra cuestión importante en el tema del amor son las confusiones:

* **Enamoramiento.** Cuando conocemos a alguien que nos interesa, el coctel hormonal comienza una danza en el cerebro. Hellen Fisher lo explica de forma maravillosa en su libro *Por qué amamos, naturaleza y química del amor romántico*. El primer sentido que interviene es el olfato; si hay química, aparecen los otros sentidos: vista, oído, tacto y al final el gusto. Pero a nivel cerebral se comienzan a producir las hormonas encargadas de este proceso, tales como serotonina (bienestar), dopamina (confianza), adrenalina (estimulante), endorfinas (felicidad), oxitocina (placer e intimidad). Por eso se dice que el amor es ciego, porque literalmente estás dopado por sustancias químicas que te impiden pensar con claridad. El enamoramiento es una pasión útil, porque si no la sintiéramos no tendríamos necesidad de aparearnos (biológicamente hablando, claro está). Es el primer paso del amor y hay una proyección positiva de nosotros en la pareja; por eso es tan perfecta a nuestra vista. Este efecto pasajero —varía de autor a autor y de persona a persona— dura entre seis meses y dos años.
* **Dependencia afectiva.** También conocida como codependencia o relaciones tóxicas. Aquí la persona está enamorada de una "ilusión". Piensa que otra persona le va a

dar lo que nunca ha recibido y llenará sus huecos existenciales de amor, cariño, pertenencia, reconocimiento, ternura, protección, seguridad o lo que sea. Cuando el otro no hace lo que la persona quiere, comienza a exigir en consecuencia, usando toda clase de estrategias de control y manipulación. En realidad, hay un profundo miedo al abandono.

* **Obsesión amorosa.** Son las personas que ponen en el otro su centro del universo. Lo convierten en su figura mágica. Son quienes dicen frases como: "Eres el aire que respiro", "Sin ti me muero", "No soy nada sin tu amor". Esta confusión mental es muy peligrosa, ya que con tal de salirse con la suya pueden atentar contra su vida o la del otro. Su detonante es el rechazo.

VERIFICACIÓN DE CREENCIAS

Ahora trabajemos con el test muscular para revisar tus creencias relacionadas con la autoestima, ¿te parece? Si no has instalado tu respuesta muscular, te recuerdo que puedes aprenderla en el link www.elimartinezseruno.com/recursos. Verifica cada uno de los incisos y marca los que responden *no* (donde no hay fuerza muscular), lo cual quiere decir que no estás vibrando con esa frase. Después realiza los ejercicios para integrar creencias positivas y cambiar frecuencias, que se encuentran en el capítulo 1, página 42.

1. Siento alegría.
2. Siento gozo.

3. Siento armonía.
4. Siento júbilo.
5. Vivo en el amor.
6. Estoy enamorado.
7. Estoy en paz.
8. Perdono y suelto.
9. Mis emociones fluyen de forma adecuada.
10. Reconozco mis emociones de forma fácil.
11. Valido mis emociones.
12. Sé gestionar mis emociones.
13. Pongo límites saludables.
14. Expreso mis emociones de forma asertiva.
15. Pido lo que necesito.
16. Siento gratitud.
17. Reconozco mi dolor y lo toco.
18. Elaboro mis duelos de forma adecuada.
19. Tengo el coraje para enfrentar mis miedos.
20. Estoy conectado con las personas que amo.
21. Sé disfrutar de la vida.
22. Expreso mi alegría de forma adecuada.
23. Abro mi corazón al amor.
24. Siento confianza ante los demás y ante la vida.
25. Soy estable emocionalmente.
26. Satisfago mis necesidades de forma adecuada.
27. Resuelvo mis necesidades infantiles de manera adecuada.
28. Soy empático con las necesidades de los demás y trato de satisfacerlas cuando está en mis posibilidades.
29. Vivo con emociones positivas la mayor parte del día.

30. Me siento conectado con las personas de mi familia.
31. Me siento conectado con mi comunidad.

4

EL ARTE DE SOLTAR

Nuestros enemigos no son los que nos odian, sino aquellos a quienes nosotros odiamos.

ANÓNIMO

Una vez, un rey de un país muy lejano reunió a los sabios de su corte y les dijo:

—Mandé hacer un precioso anillo con un diamante. Quiero guardar dentro del anillo algunas palabras que puedan ayudarme en los momentos difíciles. Un mensaje al que pueda acudir en momentos de desesperación total. Me gustaría que ese mensaje ayude en el futuro a mis herederos y a los hijos de mis herederos. Tiene que ser pequeño, de forma que quepa debajo del diamante de mi anillo.

Todos los que escucharon los deseos del rey eran grandes sabios, eruditos que escribían tratados, pero ¿pensar un mensaje que contuviera dos o tres palabras y que cupiera debajo de un diamante? Era muy difícil. Pensaron y buscaron en sus libros de filosofía durante horas, sin encontrar nada que se ajustara a los deseos del poderoso rey.

El rey tenía un sirviente muy querido. Este hombre fue sirviente de su padre, lo cuidó cuando su madre murió, era tratado como miembro de la familia y gozaba del respeto de todos.

Por estos motivos, el rey lo consultó.

—No soy un sabio, ni un erudito, ni un académico, pero conozco el mensaje —le dijo.

—¿Cómo lo sabes? —preguntó el rey.

—Durante mi larga vida en palacio me he encontrado con todo tipo de gente y en una oportunidad conocí a un maestro. Era un invitado de tu padre y estuve a su servicio. Cuando nos dejó, lo acompañé hasta la puerta para despedirlo y como gesto de agradecimiento me dio este mensaje.

En ese momento el anciano lo escribió en un diminuto papel. Lo dobló y se lo entregó al rey.

—Pero no lo leas —dijo—. Mantenlo guardado en el anillo. Ábrelo sólo cuando no encuentres salida en una situación.

El momento no tardó en llegar, el país fue invadido y su reino se vio amenazado. El rey huía a caballo para salvar su vida mientras lo perseguían. Estaba solo y los enemigos eran numerosos. En un momento, llegó a un lugar donde el camino se acababa. Frente a él había un precipicio y un profundo valle.

Caer sería fatal. No podía volver atrás, porque el enemigo le cerraba el paso. Podía escuchar el trote de los caballos, las voces, la proximidad de los hombres.

Entonces recordó el anillo. Sacó el papel, lo abrió y encontró un pequeño mensaje: "Esto también pasará."

En ese momento fue consciente de que se cernía sobre él un gran silencio.

Quizá los enemigos que lo perseguían se perdieron en el

bosque o se equivocaron de camino. Lo rodeó un inmenso silencio. Ya no escuchaba el trotar de los caballos.

El rey se sintió muy agradecido con el sirviente y el maestro desconocido. Esas palabras habían resultado milagrosas. Dobló el papel, volvió a guardarlo en el anillo, reunió su ejército y reconquistó su reinado.

El día de la victoria, en la ciudad hubo una gran celebración con música y baile. El rey se sentía muy orgulloso.

En ese momento, el anciano le dijo:

—Apreciado rey, ha llegado el momento de que leas otra vez el mensaje del anillo.

—¿Qué quieres decir? —preguntó el rey—. Ahora estoy viviendo una situación de euforia y alegría, las personas celebran mi retorno, hemos vencido al enemigo.

—Escucha —dijo el anciano—, este mensaje no es sólo para situaciones desesperadas, también es para placenteras. No sólo es para cuando te sientes derrotado, también para cuando te sientas victorioso.

El rey abrió el anillo y leyó el mensaje: "Esto también pasará."

Y volvió a sentir la misma paz, el silencio en medio de la muchedumbre que celebraba y bailaba. Pero el orgullo, el ego había desaparecido. El rey comprendió el mensaje por completo: Lo malo es tan transitorio como lo bueno.

Entonces el anciano le dijo:

—Recuerda que todo pasa. Ningún acontecimiento ni ninguna emoción son permanentes. Como el día y la noche, hay momentos de alegría y momentos de tristeza. Acéptalos como parte de la dualidad de la naturaleza, porque son la naturaleza misma de las cosas.

¿QUÉ SIGNIFICA SOLTAR?

En realidad, soltar es todo un arte porque a nadie le gusta tener pérdidas, despedirse, tocar el miedo y el dolor que hay detrás de una despedida, ya sea de una persona o situación. A veces el temor a perder es más grande que la pérdida. Nos aferramos a lo viejo, a lo conocido aunque ya no sirva, nos duela o nos detenga. Peor aún, no nos soltamos porque implicaría transformarnos en otra persona, en dejar de ser quien creo para convertirme en alguien mejor... y eso asusta porque requiere mayor responsabilidad. Soñamos con el cambio, con un futuro posible, pero sin tomar las acciones necesarias para lograrlo, ya que representa cambiar, movernos, actuar, crecer. Al no hacerlo, vivimos en el apego: una de las grandes raíces del sufrimiento. Sufrimos si no obtenemos lo que queremos, y cuando lo tenemos, sufrimos porque no queremos perderlo. El sufrimiento es el resultado de un pensamiento incorrecto. En presencia de él no te resistas, examínalo con mente abierta y la respuesta aparecerá sin falta, ya lo verás.

No queremos aceptar que el cambio es parte de la vida y que sólo despidiendo lo viejo llegará lo nuevo. Este capítulo te ayudará a liberar las cuestiones a las que estás apegado y te impiden crecer.

Es irónico cómo preferimos permanecer en situaciones que nos hacen sufrir en vez de enfrentar el dolor de la pérdida y avanzar por la vida. Incluso tenemos frases como: "Más vale malo por conocido que bueno por conocer", "Más vale pájaro en mano que un ciento volando", pero la vida tiene sus reglas, y si decides no aprender la lección, cada vez la prueba será más difícil hasta que la aprendas. En ocasiones la vida te dice: "¡Ahhh! Conque no quieres aprender, no te preocupes, te voy a dar tu empujoncito."

Asimismo, nos encanta acumular cosas que no usamos, que están rotas o viejas, que ya no sirven; acumulamos resentimientos y culpas que nos envenenan el alma; relaciones que ya no funcionan, que han dejado de ser nutricias, incluso que son tóxicas o que ya están muertas. Todo como una forma superflua de buscar una falsa seguridad. Pero si te fijas, todo es un problema del EGO. Nos hace creer que no podremos soportar el dolor de la pérdida o que no podremos enfrentar el futuro sin nuestros apegos. Por eso comenzamos a realizar una serie de estrategias para tratar de controlar todo y a todos, con la fantasía de que así permaneceremos más seguros. ¡Pura ilusión! Ya que la seguridad, entiéndelo de una vez, ¡no existe! Tú no sabes qué va a pasar el próximo minuto, ¿o sí?

Vivimos en el mundo de la ilusión, no cabe duda. Todo en este mundo acaba y nada es permanente, todo pasa, cambia, comienza y termina. Es el ciclo de la vida. La única persona con la que vas a estar el resto de tu existencia eres tú. Y si no te caes bien, estarás en problemas. Todos los demás se irán. Nada permanece igual, todo se transforma, evoluciona, desaparece, pero lo importante es asimilar el aprendizaje que queda de ello. Todo fin implica dar la bienvenida a lo nuevo. Es simple, mientras no cerremos la puerta de algo importante, no se puede abrir la puerta de algo más. Es tan absurdo querer retener algo como querer retener agua en nuestras manos. Recuerda que la resistencia crea persistencia. Entre más te resistas, más sufrirás. Y lo paradójico es que sufres porque no aceptas. Así de sencillo. Cuando aceptas lo que está, lo que es, al otro o a ti, entiendes qué es la vida. Hemos creado una cultura de la no aceptación, no soportamos la más mínima frustración, con lo cual evitamos situaciones importantes que nos llevan al crecimiento. A nuestros hijos les queremos resolver la vida, pero los hemos vuelto unos *blandengues* que se amedrentan al primer problema. No sabemos qué hacer con la frustración, porque en el fondo siempre queremos salirnos con la nuestra y que la vida se adapte a nosotros, en vez de adaptarnos a la vida, a ese plan mayor destinado para cada uno.

¿Quieres dejar de sufrir? Te voy a dar la fórmula y espero que nunca la olvides. Es algo que ya sabes, que seguro te han dicho, pero que en el fondo quizá no has comprendido. ¿Estás listo?

¡ACEPTA!

Detente un momento y analiza cuáles son tus problemas en la actualidad. Revisa qué no estás aceptando de esa situación, a qué te resistes. Es como si tratáramos de mover una pared. ¿Qué pasaría? Pues que después de mucho intentar nos lastimaríamos los brazos y la espalda, ¡sin conseguirlo jamás! Acepta lo que estás viviendo, tal como lo estás viviendo. Acepta al otro como es. Pero, sobre todo, acéptate a ti tal como eres o estás. Te guste o no, es lo que hay. A partir de esta verdad (la aceptación tiene la mala costumbre de decir la verdad, una que duele, confronta, asusta) ¿qué vas a hacer? Muchas personas confunden la resignación con la aceptación, y no es lo mismo. Aceptar tiene que ver con rendirte ante lo que no puedes cambiar y, a partir de ahí, asumir tu responsabilidad para elegir qué vas a hacer. En cambio, la resignación tiene que ver con aceptar lo que está, pero creer que ya no hay nada que hacer, lo cual te convertirá en una víctima, no en un actor de tu vida.

Las grandes raíces del sufrimiento son:

1. **Los miedos.** Los cuales nos impiden avanzar en el camino, porque nos paralizan.
2. **Los apegos.** El creer que necesitamos algo para ser felices o estar seguros. Los apegos son los deseos por algo que se tiene, a diferencia de los anhelos, que son por algo que no se tiene. Ambos te llevan al sufrimiento.
3. **Las expectativas.** El querer que algo o alguien cambie para que seamos felices, lo que provocará cualquier clase de estrategias de control y manipulación, tales como: chantajear, victimizarse, enfermarse, amenazar, imponer, celar, seducir, obsesionarse, perseguir, vengarse o lo que sea necesario con tal de salirnos con la nuestra.

Aprender a soltar lo que no puedes cambiar no es tarea fácil, ya que hay que atravesar todas las emociones implicadas y abrirte de nuevo a la vida para recibir lo mejor. Para poder soltar necesitamos elaborar el duelo.

La pérdida nos coloca de frente al miedo, al vacío, a la soledad que tanto nos aterra. Nos pone frente a la crisis, la incertidumbre y el cambio, pero nos lleva a recrearnos y a crear nuevas formas, nuevas experiencias, nuevos aprendizajes.

Para aprender a soltar es importante comprender qué son las crisis y cómo las enfrentamos. Esto nos permitirá tomar conciencia de cómo actuamos ante la adversidad, es decir, qué tan tolerantes somos a la frustración y si tenemos el coraje de enfrentar la vida.

La Real Academia Española define la palabra *soltar* como: "Dejar ir o dar libertad a quien estaba detenido o preso." Se refiere a dejar de pelearte con la realidad. Pero el problema es que somos tan neuróticos que pretendemos que la vida siempre sea lo que soñamos, queremos o pretendemos. Y cuando no es así, cuando las cosas no resultan de acuerdo al plan, ¡zas!, surge la frustración, y con ella el sufrimiento.

Cuando tendemos a ir al pasado, ya sea para recordar lo que tuvimos, hicimos o fuimos o lo que no, nos topamos con la nostalgia de lo desaparecido o la melancolía de lo que nunca fue. Esto es tiempo perdido. El tema es resolver a partir de lo que está pasando o ya pasó. Y para ello necesitamos asumir la responsabilidad de nuestra vida, tomar el mando de ella, es decir, "elegir" qué queremos hacer a partir de este momento, en el aquí y ahora, usando una facultad máxima del ser humano: la libertad.

Entiende que no tienes la obligación de hacer nada que no quieras, que todo el tiempo estamos eligiendo (creando) nuestra realidad a partir de estas decisiones. Comprende que no somos víctimas, sino gente que asume o no las consecuencias de sus acciones. Estas decisiones se verán afectadas por la actitud (pasiva o activa) con la que tomas la vida.

Por otra parte, cuando estamos anclados en el futuro, es decir, viviendo de ilusiones o esperando todo lo malo, entramos en la angustia y nos frustramos por lo que no tenemos o por lo negativo que nos pueda pasar. Es absurdo, ¿no crees? Por eso es importante estar conscientes del presente. Somos adictos a vivir en el pasado o en el futuro. Y, como sabemos, un exceso de pasado nos lleva a la depresión y un exceso de futuro nos lleva a la angustia.

Tener el coraje de avanzar, de tocar el vacío de la ausencia, muchas veces no es sencillo, pero sí un alivio para el alma. Entiende que todo es perfecto tal y como es porque son las experiencias que te invitan a ser mejor, crecer y evolucionar.

Cuando no podemos soltar relaciones, comenzamos a controlar a través de dos mecanismos muy peligrosos:

* **El dominio.** Es cuando intentamos poseer o controlar a la otra persona. Algunas frases típicas son: "¿Dónde estás?" "¿Con quién?" "¿Por qué no me has hablado?" "Si no haces lo que yo te digo, olvídate de mí." "Sal con tus amigas, no te preocupes, pero luego no te quejes si no estoy cuando llegues." "¡Si me dejas, me mato!" "Elige: tus amigos o yo." Este tipo de relaciones ahogan a la otra parte, que querrá salir corriendo de allí.
* **La sumisión.** En este mecanismo te pones de tapete para que te pisen, con la esperanza de que no te dejen. La haces de nana, geisha, mamá, terapeuta, enfermera o lo que se necesite en el momento con tal de que el otro se quede contigo para siempre (porque te asusta hacerte cargo de tu vida). Tu utilidad radica en lo que haces por el otro, no tienes una identidad formada, sólo haces lo que se espera de ti.

No hemos comprendido que entre más libre sea una relación, más vamos a querer estar en ella. El amor es una elección, no una obligación. Aceptar que toda relación tiene un principio y un fin, y que la única persona con la que estarás el resto de tu vida eres TÚ, es el principio para hacerte cargo de tu existencia. Es decir, la existencia no admite ni representantes ni tapaderas. Tu felicidad sólo te corresponde a ti.

Por lo tanto, aprender a contener la frustración y tener el coraje de enfrentar la pérdida y el cambio son esenciales para soltar. Haz un buen análisis, honesto, de las emociones que te afectan para ver cuál es la causa.

Un ejercicio muy lindo es escribir todo lo que quieres soltar en un papel, amarrarlo a un globo de helio y soltarlo.

Ejercicio:

* ¿Qué tanto de lo que dices es real y qué tanto imaginado?
* ¿Qué expectativas tienes en tus relaciones? ¿Qué tan reales son?
* ¿Qué has hecho con tal de no estar solo y tocar tus vacíos?
* ¿Qué has hecho que ponga en juego tu dignidad?
* ¿Qué has hecho que te ponga en riesgo? ¿Qué tipo de riesgo?

Ahora vamos a desglosar los diferentes aspectos que nos impiden soltar. Para ello, primero necesitamos hablar de las crisis.

¿QUÉ ES UNA CRISIS?

Una crisis es una situación para la que no estás o no te crees preparado. En una crisis lo más importante es el discurso interno, la narrativa, lo cual te lleva a buscar recursos o a paralizarte. Es decir, la capacidad de enfrentar la adversidad. Casi siempre pensamos que no podremos, que "ya nos fregamos". Pero es importante identificar si vemos una situación como un problema sin solución o como un desafío.

Una característica de la crisis es sentir que estás solo. Esto crea un estado de desorientación e inestabilidad emocional, donde se ve afectada la mayor parte de las áreas de la vida.

Existen dos tipos de crisis, las circunstanciales y las existenciales. Veamos las características de cada una para que vayas revisando tu historia, descubriendo qué te pasó y qué hiciste para salir adelante.

1. **Circunstanciales.** No dependen de ti, sino de cuestiones ajenas a tu voluntad, pero que te ponen frente a cambios fuertes en la vida. Por ejemplo, te corren del trabajo, te enteras de que tienes una enfermedad grave, muere alguien querido, tu pareja te abandona... En fin, son situaciones para las que no estás preparado, pero que te confrontan de una manera rotunda para que desarrolles nuevos aprendizajes.
2. **Existenciales.** Son crisis internas que no dependen del medio ambiente, sino de ti. Por ejemplo, los cambios en las etapas de la vida (niñez-adolescencia, adolescencia-juventud, juventud-adultez, adultez-vejez), la pérdida del sentido de la vida (cuando ya no sabes para dónde vas o no encuentras la motivación suficiente para continuar).

   Este tipo de crisis se va gestando poco a poco en el individuo, a diferencia de las circunstanciales, en las que muchas veces ya sabes que hay un problema, pero no lo quieres afrontar. Típico caso de las relaciones de pareja, cuando sabes que no funciona la relación, pero no te quieres mover por miedo a quedarte solo, al qué dirán o a la situación económica posterior a una separación; de manera que vas postergando la decisión hasta que ya no aguantas más y revientas, ya sea a través de depresión, ataques de ansiedad, enfermedades, adicciones o compulsiones.

Es importante puntualizar que hay un estado de confusión y desorientación característico. Incluso hay ocasiones en que se presentan las crisis de avalancha, es decir, donde vas de una crisis a otra. Por ejemplo, te corren del trabajo, tu esposa se molesta y te pide el divorcio, no tienes dinero ahorrado y tienes que vender tu coche para seguir subsistiendo, en fin, todo tu *statu quo* se rompe y parece que el dolor no tiene fin.

En las crisis también aparecen necesidades no satisfechas y un miedo muy profundo. ¿Cómo se están violentando tus necesidades para que estés así?

ARTETERAPIA

1. En una hoja blanca dibuja lo que para ti representa la libertad (no vayas a dibujar una paloma, por favor); sé creativo. ¿Cómo la estás ejerciendo hoy? ¿Qué te falta para ser libre? ¿De verdad te sientes libre? ¿A quién o a qué le estás entregando tu libertad?
2. En otra hoja dibuja un corazón rojo y después recórtalo. Ahora cierra los ojos, inhala y exhala de manera

profunda hasta que te conectes con tu yo interno. Después abre los ojos y recuerda todos los instantes en que tu corazón fue partido en pedazos, todos los momentos que no has podido superar y todavía duelen.

3. Conforme recuerdas cada uno, rompe con las manos el corazón de papel. Por favor, toca el dolor profundo.
4. Ahora bien, de alguna manera has salido adelante, has hecho algo para que, a pesar del dolor, funcionas en este momento. ¿Qué hiciste para ir sanando tu corazón? ¿Cómo sobreviviste? ¿Cuáles son las heridas que todavía están sangrando? Escríbelo.
5. En una última hoja dibuja tus cargas, esos asuntos que te pesan y que no has podido soltar, esas personas, situaciones, problemas que llevas contigo. ¿Cómo los podrías representar? ¿Cómo las llevas? Este ejercicio te ayudará a dimensionar el tamaño de tus asuntos inconclusos.

Nota: en cada uno de estos ejercicios es importante que anotes las sensaciones corporales y los sentimientos.

DUELO Y DESPEDIDA

El duelo es el proceso de "dolerte" ante una despedida, es una reacción multifacética ante una pérdida. Mientras no lo vivas y toques de frente esa tristeza, permanecerás amarrado a una situación sin encontrar la paz ni avanzar en el camino.

Para Elisabeth Kübler Ross, la madre de la tanatología, las fases del duelo son las siguientes:

* **Etapa 1: Fase de *shock* o estupor.** La energía se congela, ya que el suceso es recibido como una sorpresa. Sentimos un miedo paralizante.
* **Etapa 2: Fase de rabia o agresividad.** Tratamos de buscar culpables.
* **Etapa 3: Fase de desorganización o desesperanza.** Comenzamos a tocar el dolor, el cual muchas veces quisiéramos que desapareciera de forma automática, como si quisiéramos tomar una pastilla del día siguiente para no sentir.
* **Etapa 4: Fase de reorganización.** Aquí ya llegamos a la aceptación de la situación, procesamos las emociones y asimilamos el aprendizaje de la experiencia.

Las personas que se hacen las fuertes todo el tiempo, las rescatadoras o salvadoras, no se permiten vivir sus duelos por consolar a los demás.

¿CUÁNDO ACABA UN PROCESO DE DUELO?

Depende de cada persona. Es muy difícil determinar la duración, pues varía según la capacidad de afrontamiento, es decir el nivel de "resiliencia" (la capacidad de resistir y rehacerse con más fuerza a los embates de la vida). Este concepto se toma de los metales, ya que éstos se funden y toman la forma deseada sin alterar su estructura molecular.

A continuación, te invito a que pienses en algo o en alguien que no hayas podido soltar, y elabores la siguiente carta del duelo. Estoy segura de que te será de mucha utilidad.

LA CHAMBA

CARTA DE DESPEDIDA

Elabora una carta dirigida a algo o alguien de quien te quieres despedir, no es necesario que se la entregues. Es importante que la realices cuando estés tranquilo y no te interrumpan. Los elementos que tendrá la carta son:

* ¿A quién o a qué está dirigida? Comienza con un saludo.
* Dile para qué decides despedirte y soltar.
* Las emociones implicadas (miedo, culpa, tristeza, impotencia, frustración, enojo, etcétera).
* Las expectativas que tenías acerca de la relación y de la persona: ésta es la parte que nos impide soltar. Es todo lo que esperabas de la relación o situación. Por ejemplo: "Quería que tú y yo envejeciéramos juntos y viéramos a nuestros hijos crecer", "Deseaba que mi negocio funcionara y le aposté todos mis recursos".
* ¿Cuál es tu gran miedo de soltar? Es decir, ¿qué va a pasar, cómo te vas a sentir y cómo vas a estar si sueltas? Date el tiempo para contestar esta pregunta y sé honesto.
* ¿Cuál es tu gran necesidad? Por lo general son nuestras necesidades infantiles no resueltas. ¿Qué era lo que necesitabas de la persona o situación? (Seguridad, amor, compañía, ternura, lealtad, honestidad, protección, respeto, reconocimiento, apoyo, atención, justicia, validación, valoración, etcétera.)
* ¿Cuál es el aprendizaje de esta situación? Evita ponerte de víctima. Responsabilízate. Siempre aprendemos co-

sas positivas para la vida. Es decir, cómo va a ser tu vida a partir de ahora.

* ¿A qué le quieres dar la bienvenida en tu vida ahora?
* Una vez que hayas realizado la carta, la puedes quemar (el fuego purifica) y tirar las cenizas al WC (el agua limpia).

RITUAL DEL DUELO DE CONSTELACIONES FAMILIARES

Cierra los ojos, inhala profundo por la nariz, y al exhalar relájate un poco más cada vez. Imagina a la persona que necesitas soltar y dile contactando desde tu corazón:

> *[Nombre de la persona], gracias por los momentos que pasamos juntos. Me diste mucho y lo guardo en mi corazón, espero que te quedes con cosas buenas mías en tu corazón. De todo lo que sucedió entre nosotros, te entrego tu parte de responsabilidad y me quedo con la mía. Llévate el daño causado, yo ya no lo cargaré. Ahora sólo me hago cargo de lo mío, es decir, de mi responsabilidad, la parte de esta situación que viví contigo. Tomo todo lo bueno que me diste y confío en que llevarás tu suerte de la mejor manera, tomo todo lo bueno que me diste, es mucho y me basta, el resto lo hago por mí y ahora te dejo en paz.*

LA INFLUENCIA DEL ESTILO DE APEGO PARA SOLTAR

Como mencioné antes, el soltar depende de nuestra capacidad de afrontamiento (la cual veremos más adelante), pero también de los estilos de apego que exploramos en el capítulo 2. Éstos se refieren a la forma en que toleramos la separación en las relaciones y la frustración de la pérdida.

El ser humano siempre busca el amor y establecer vínculos para pertenecer porque somos seres gregarios, es decir, vivimos en comunidad por ser mamíferos. Pero, dependiendo de cómo hayamos sentido el amor y el cuidado durante los primeros años, será nuestra manera de poder o no establecer vínculos con las demás personas y soltar o no nuestras relaciones con facilidad.

En esta teoría se identificaron los cuatro estilos de apego en los niños: seguro, ansioso, distante o evitativo y desorganizado o temeroso. Si ya realizaste el test de apego en el capítulo 2, sabrás cuál es tu estilo de apego, pero esta información te ayudará a tener más claro por qué a veces te cuesta tanto trabajo soltar (apego ansioso) o, por el contrario, por qué a veces te cuesta tanto trabajo establecer una relación, ya que sueltas muy fácilmente (apego evitativo).

CULPA Y PERDÓN

Para soltar, también es fundamental aprender a liberar culpas, esto se logra a partir del perdón. Pero primero veamos, ¿qué es la culpa? Es una emoción paralizante que somete a quien la siente. Siempre está atascada en el pasado porque sucede a partir de creencias impuestas o autoimpuestas en las que sentimos "la obligación" de cumplir con algo. Además, cuando nos sentimos culpables por consecuencia merecemos un castigo, teniendo estrategias para flagelarnos de formas muy sofisticadas, tales como enfermedades de lenta agonía, autosabotajes en nuestros trabajos, relaciones o economía.

DIFERENCIAS ENTRE RESPONSABILIDAD Y CULPA	
Responsabilidad:	**Culpa:**
Se define como la "habilidad para responder de manera creativa ante la vida".	Se define como "la falta o delito que comete una persona de forma voluntaria".
Quiere decir aquí y ahora, en tiempo presente.	Siempre está en el pasado, en lo que hacemos mal. Es como un gato que se quiere morder la cola; nos repetimos una y otra vez la historia de dolor.
Yo decido o elijo, ejerciendo mi libertad.	Me siento obligado a actuar.
Qué "quiero" o "no quiero" hacer.	Qué "debo", "tengo", "tendría" o "hubiera" hecho según mis creencias.
Me hago cargo de las consecuencias de mis actos.	Merezco un castigo por mis culpas.
Respondiendo y reparando en la medida de mis posibilidades cuando he cometido un error o he hecho un daño.	Sometiéndome al castigo del otro o castigándome a través de autosabotajes, enfermedades de larga agonía, pensamientos punitivos o no permitirme ser feliz, disfrutar la vida y realizar lo que quiero hacer.

La culpa es la pandemia número uno en el mundo porque proviene de la creencia de que cuando cometemos un error, estamos mal o somos malos, merecemos una sanción. En la mente, la culpa se vive como si fuera un hámster en una rueda, donde sólo le damos vueltas a nuestros errores y a lo que se supone que "debimos" haber hecho. No nos hemos dado cuenta de que el error se comete en la inconsciencia, no en la conciencia, ya que si hubiéramos sabido que íbamos a cometer un error, ¡no habríamos tomado esa decisión! ¡Es absurdo culparnos por algo que no sabíamos que iba a suceder!

Ahora bien, como aprendimos que al cometer un error el amor iba a ser condicionado, haremos todo lo posible por seguir sintiéndonos buenos e inocentes y que el otro sea el culpable. Es decir, sometemos a través de la culpa a los demás. Aunado a esto, como sentimos que el otro nos debe algo, eso le dará significado al ataque, lo cual crea conflicto, miedo, separación y sufrimiento. Todo esto genera a su vez las tres "R": *resentimiento*, *resistencia*, *revancha*.

El perdón permitirá acabar con este sufrimiento innecesario. Perdonar significa darnos cuenta de que nadie nos ataca, sólo nuestra mente con sus pensamientos de juicio hacia los demás y hacia nosotros. Es cambiar una percepción basada en el miedo a una basada en el amor.

Lo terrible del asunto es que la mayoría de los seres humanos nos la pasamos juzgando a los demás y, por lo tanto, generamos esa separación absurda. No queremos darnos cuenta de que son nuestros espejos y reflejan nuestras partes no reconocidas y programas inconscientes.

Así que desenmarañemos este asunto comenzando con "el error", comprendiendo que cada quien hace lo que puede con las herramientas que tiene. Gracias al error aprendemos y crecemos, entre más errores cometemos, más rápido avanzamos en la vida. Entiende que no eres culpable, sino responsable de tus actos. Dejar de tener esta asociación de error = culpa = sufrimiento.

Las palabras que reflejan nuestra culpa son: "debo", "debería", "tengo", "tendría" o "hubiera", y siempre reflejan una creencia escondida, con el sentimiento de obligación que conlleva. Y ¿a quién le gusta sentirse obligado a algo? Las obligaciones las cargamos como lozas muy pesadas que no nos podemos quitar porque no nacen de nuestras elecciones conscientes.

El problema verdadero consiste en revisar cuáles eran nuestras expectativas acerca de lo que está sucediendo. ¿Qué es lo que no estamos aceptando? ¿De qué no nos estamos haciendo responsables?

TIPOS DE CULPA

Existen dos tipos de culpa:

* **La culpa consciente.** Es la que podemos sentir. Se divide a su vez en dos tipos:
    - **Culpa real:** por ejemplo, cuando atropellas a alguien o lo lastimas con tus palabras o actos.
    - **Culpa neurótica:** la que esconde un resentimiento. Es decir, estás enojado con alguien, pero en lugar de poner el límite adecuado, te la cobras con acciones y después te sientes culpable por ello. Por ejemplo, una mujer está resentida con su marido porque no le hace caso, pero en lugar de tomar decisiones responsables, le es infiel y luego se siente culpable.
* **La culpa inconsciente.** Es la que traemos en la sangre.
    - **Culpa colectiva:** para los orientales es el "karma", por el que viniste a pagar errores de otras vidas. Para los occidentales es "el pecado original", por

el que vienes a pagar los pecados de Adán y Eva... Increíble, ¿no crees? En este rubro también se encuentra la culpa que traemos en el ADN de nuestros ancestros, por ejemplo, situaciones de guerra, maltrato, abuso o dolor.

TEST INICIAL PARA DETERMINAR EL NIVEL DE CULPA

¿Quieres saber cuál es tu nivel de culpa y abnegación? Contesta el siguiente test. Responde verdadero o falso en cada inciso.

1. ¿Te sientes mejor cuidando de otros que permitiendo que te cuiden?
2. ¿Te sorprende ver lo incompetentes que son las personas que te rodean?
3. ¿Sientes que no hacen caso a la mayoría de tus consejos?
4. ¿A veces tienes que morderte la lengua en presencia de tus hijos, cónyuge u otros familiares?
5. ¿Por lo general encuentras mucho más fácil hacer las cosas solo?
6. ¿Haces muchísimo más por los demás que lo que ellos harían por ti?
7. Si alguien te trata mal, ¿continúas tratando a esa persona como siempre?
8. ¿A veces tus familiares o amigos dan por descontado que cuentan contigo?
9. ¿A veces aceptas actitudes de amigos o familiares que no aceptarías de un desconocido?

10. ¿Sientes más alegría por las cosas buenas cuando tienes a un ser querido con quien compartirlas?
11. ¿A veces desearías tomarte un descanso y no tener que preocuparte por los demás?
12. ¿En ocasiones has contestado a lo que dicen en la televisión con comentarios sarcásticos, corrigiendo el vocabulario o la gramática?
13. ¿Cumples las promesas que haces aun cuando eso signifique sacrificar tus necesidades?
14. ¿Detestarías que se te recordara como una persona egoísta?

Suma los verdaderos.

* Si tienes de 1 a 2 verdaderos, la palabra culpa no se encuentra en tu vocabulario.
* Si el resultado es de 3 a 4 verdaderos, podemos decir que eres una persona equilibrada y responsable, sabes satisfacer tus necesidades profundas y no eres esclavo de los caprichos. Posees capacidad para disfrutar y encontrar el placer en muchas cosas.
* Si obtuviste de 5 a 7 verdaderos, eres una persona abnegada grado 1, postergas tus necesidades para más adelante, para cuando sea el momento. Tu lema es: "No puedo ahora, más adelante sí", pero ese momento nunca llega.
* Si obtuviste de 8 a 13 verdaderos, tu abnegación llega a ser grado 2; es decir, una persona que ignora sus necesidades, aun las más básicas, como comer, dormir, afecto, estudios, etcétera. Obtienes más gratificación al

cuidar de los demás que de ti, más placer de hacer felices a los otros que de serlo tú. Todos te describen como "una persona buena", porque servir es lo máximo en tu vida. Si te pasan cosas lindas, las compartes con otros, amas a todos, cuidas e inviertes en todos excepto en ti. Este tipo de personas suelen copiar su estilo del modelo fracasado de algún familiar.

* Las personas con más de 13 verdaderos no reconocen que tienen necesidades; a estas alturas se han convertido en una máquina de trabajar, sin sentir, pensar ni decidir lo mejor para sí. En este punto, su vida ya no tiene sentido, carece de sueños y expectativas; en su interior sólo queda espacio para problemas y frustraciones extremas. Sólo a ti te compete marcar la diferencia. Habrá un momento determinado en la vida en el que necesitarás darte cuenta de que si tú no satisfaces tus necesidades, nadie más lo hará.

Y ahora, ¿qué hacer para liberarnos de la culpa? La respuesta es perdonar, ya que disuelve la culpa y el dolor. El perdón comienza con la decisión de querer hacerlo, no quiere decir que vas a olvidar, sólo es un proceso interno de aceptación de la realidad hasta que ya no te duela. A lo mejor la otra persona ni siquiera se va a enterar de que ya la perdonaste, es más, quizá ni siquiera tiene conciencia del daño que causó, pero es el comienzo de tu paz y liberación.

Uno de mis autores favoritos en Curso de Milagros, además de mi adorado Jorge Lomar, es Paul Ferrini, quien en su libro *Los 12 pasos del perdón* explica de manera muy sencilla lo que necesitas para entender todo el proceso.

LOS CUATRO AXIOMAS PARA LOGRARLO

1. **El perdón comienza en nuestro corazón:** sólo cuando nos hemos perdonado podemos ofrecer perdón a otros o recibirlo de ellos.
2. **El perdón no es condicional:** aunque a menudo nuestra práctica lo es.
3. **El perdón es un proceso continuo:** sigue en respuesta a cada juicio que hacemos sobre nosotros y los demás.
4. **Cada gesto de perdón es suficiente:** cualquier cosa que seamos capaces de hacer ahora es suficiente. Esta comprensión nos capacita para practicar el perdón con nosotros.

Paul Ferrini menciona que necesitamos responsabilizarnos de nuestra paz (por lo general culpamos a alguien más de lo que nos pasa). También es importante entender que cada quien opera desde sus creencias y desde su modo de percibir las cosas. Las personas que nos lastiman, en realidad están para enseñarnos a amar y a responsabilizarnos de nuestras lecciones de vida y necesidades. Comprende que el enemigo que vemos afuera siempre es un reflejo de nuestra forma de tratarnos; así que puede llegar el momento en que lo veamos como un maestro en vez de un culpable de nuestro dolor (porque al culparlo le estamos cediendo el poder total sobre nuestra vida). La vida es tan perfecta que te pone la lección o al maestro que necesitas para tu proceso *consciencial*, y sin aprendizaje no hay crecimiento.

Por otra parte, muchas veces no perdonamos porque pensamos que es darle permiso al otro de que nos siga lastimando, cuando no es así. Los límites son importantes en cualquier relación, pero a ti ya no te va a afectar porque has liberado el dolor. Para Jorge Lomar "poner la otra mejilla" significa que tú decides a quién le otorgas el poder de hacerte sentir mal. Créeme, al igual que tú, me he visto en muchas ocasiones entregando mi poder personal, pero a partir de la conciencia (conciencia con "c", el darme cuenta de) que tengo ahora y de la consciencia (consciencia con "sc", la conexión con mi Ser Superior), cada vez son menos las ocasiones y de inmediato hago mi proceso de perdón, para no dañarme ni juzgar al otro.

PROCESAR EL PERDÓN

¿De verdad estás dispuesto a perdonar y perdonarte? Espero que así sea... Vamos a realizar un trabajo para que aprendas a hacerlo, ¿te parece? Escribe las respuestas a los siguientes puntos:

1. Lo primero que necesitamos es tomar la decisión de perdonar. Es decir, aquí responde solamente *sí* o *no*.
2. Escribe el hecho o problema que te genera el resentimiento contra alguien en tiempo presente y en primera persona. Por ejemplo: tengo ocho años, estoy en mi casa y éste es mi problema...
3. Escribe todas las emociones implicadas, como tristeza, rabia, impotencia, vergüenza, frustración, resentimiento, odio (si lo sentiste, es importante que no lo invalides ni te sientas culpable por sentirlo; recuerda que es sólo una emoción).

4. ¿Cómo va a ser tu vida, qué vas a hacer de manera distinta y cómo vas a ser tú una vez que hayas perdonado?
5. ¿Qué ganas al no perdonar? Sé honesto contigo, ya que es muy tentador decir que no ganas nada, cuando en realidad siempre hay una ganancia secundaria al no hacerlo.
6. ¿Qué pierdes al no perdonar? Por ejemplo, paz, libertad, avanzar, salud, bienestar, relaciones, etcétera.
7. ¿Qué fuerza interior necesitas para lograrlo? Por ejemplo, humildad, confianza, esperanza, amor, compasión, aceptación, etcétera.
8. ¿Cómo colaboraste tú (si es que lo hiciste) para que se diera esta situación?
9. ¿Qué te está proyectando el otro que es tuyo? En este paso seguro me dirás: "¡Nada en absoluto! ¿Cómo se te ocurre decir que tengo algo de la otra persona?" Es normal. Nuestros grandes maestros son los que más nos lastiman y nos ayudan a crecer. La proyección puede ser en dos vías:
    * es algo que eres o haces y no reconoces, o
    * es algo que quisieras ser, hacer o tener y no te permites.

    Toma el tiempo necesario hasta que encuentres la proyección o la enseñanza que vino a darte este maestro.
10. ¿La persona que te dañó lo hizo de forma intencional? ¿Estás seguro de que sabía el daño que te causaba? ¿Tuvo otras alternativas de elección? ¿Se dio cuenta del daño que te causó?

11. ¿Qué acción (por pequeña que sea) te ayudará a lograrlo y en qué plazo estás dispuesto a hacerla?
12. Haz un decreto para perdonar: "*Aquí y ahora, [fecha], yo [escribe tu nombre completo] elijo y estoy dispuesto a perdonar a [escribe el nombre de la persona] por su acción.*"
13. Visualiza la intención de perdonar. Cierra los ojos, imagina a la persona, dónde estás, con quién, cuáles son los colores, sonidos, aromas. Cómo te sientes y cómo se siente tu cuerpo cuando haces esto. Date el tiempo que necesites para visualizar la reconciliación. Muchas veces no será posible, pero lo importante es comenzar.
14. Escribe la siguiente afirmación 20 veces durante un mes: "*Yo te perdono a ti* ___________, *por todo lo que me has hecho*" (escribe sin reprimirlo).
15. Repite en voz alta: "Bendigo el bien que trae aparejada esta situación y la veo manifestarse."

VISUALIZACIÓN DEL PERDÓN

Puedes encontrarla en los videos de RA de este capítulo o en www.elimartinezseruno.com/recursos.

Cierra los ojos, inhala y exhala profundamente por la nariz relajándote cada vez un poco más. Y al exhalar relaja tus ojos, rostro y mandíbula; relaja tu cuello y garganta; hombros, brazos y manos; pecho y espalda alta, estómago y espalda media, vientre y espalda baja. Exhala y relaja tus muslos, rodillas, piernas y pies. Imagina que frente a ti a está persona con la cual tienes un resentimiento, siéntala a la distancia que sea más adecuada para ti. Ahora imagina que tienes en tus piernas una caja. Puede ser del tamaño, forma, textura, material, color que tú quieras. En esa caja vas a ir metiendo con tus manos (haz el movimiento como si fuera real) todos los recuerdos asociados con esta persona, tus expectativas, momentos, objetos, recuerdos, miedos, dolor, música, lugares, etcétera. Una vez que hayas terminado, le dices a la persona para qué te estás despidiendo de ella y te vas a imaginar el tamaño del daño que sientes que te causó como si fuera un paquete (imagina el color, el peso y el material del mismo). Le dices ahora: "Te entrego tu paquete, el daño que tú causaste, tú lo tienes que llevar y yo ya no lo cargo; ahora sólo me hago cargo de lo mío, es decir, la responsabilidad sobre esta situación que viví contigo. Tomo total conciencia de esta situación para cambiar las experiencias que vivo en el presente. Te dejo en paz y me quedo en paz". Después vas a volver a esta persona un símbolo u objeto que puedas meter en tu caja. Abre los ojos, incorpórate y entierra tu caja en el lugar que elijas fuera de tu casa, dándote el tiempo necesario para despedirte de todos tus recuerdos. No puedes hablar de este ejercicio durante 30 días porque se va a mover energía de tu sistema.

Recuerda que el perdón es "un proceso" que te lleva al empoderamiento, a la toma de responsabilidad y a la superación de las emociones que te limitan. Implica un cambio de conciencia y de la perspectiva que tienes de la otra persona o de la situación. Dejar de ver la realidad como la veías para hacerlo con ojos nuevos, con otra actitud, aprendiendo de la experiencia y haciéndote responsable de la parte que te toca.

Todo esto te lleva a salir del sufrimiento y de la posición de víctima, para tomar tu poder y hacerte cargo de la situación. El perdón disuelve el EGO, el que te hace creer que te dañaron, pero toma el tiempo necesario hasta que lo comprendas. No te fuerces...

A partir de aquí ya puedes tomar conciencia de qué quieres hacer con la persona: buscarla para hablar con ella, apartarte, denunciarla, dejarle de hablar o lo que necesites, es decir, marcar los límites.

RECONOCER A LAS VÍCTIMAS Y PERPETRADORES

Por último, te recomiendo que hagas un ritual de constelaciones familiares. Bert Hellinger dice que sólo podemos alcanzar la paz cuando: nos reconciliamos con lo que somos y nos ha pasado; somos humildes y vemos al enemigo como ser humano, con su historia, sus motivos y su dolor; comprendemos su sufrimiento y el que pudiste haberle infligido a él o a otra persona; lloramos juntos por el daño y el dolor sin pretender castigo, comprendiendo que la violencia sólo genera más sufrimiento y que nuestros destinos están entrelazados por alguna razón.

Cierra los ojos e imagina a la persona en cuestión frente a ti; dile lo siguiente: *"Ahora veo y reconozco tu dolor. Ahora me doy cuenta de lo que has perdido. Ahora reconozco y siento tu sufrimiento y lo lamento mucho."*

Dilo tantas veces como sea necesario para sentir un movimiento interno de paz.

Después imagina que la persona que te dañó hace lo mismo y te dice: *"Ahora veo y reconozco tu dolor, ahora me doy cuenta de lo que has perdido. Ahora reconozco y siento tu sufrimiento y lo lamento mucho."*

A veces no se llega a la sanación completa, pero lo importante es percibir un cambio. ¿Cómo te sientes después de realizar estos ejercicios? Seguro habrá cambiado la conciencia que tenías acerca de tus resentimientos y tus culpas. Es inútil cargar con sufrimientos innecesarios. Ahora que ya soltaste el lastre, estás preparado para enfrentar el siguiente monstruo: el miedo.

VERIFICACIÓN DE CREENCIAS

Ahora trabajemos con el test muscular para revisar tus creencias relacionadas con la autoestima, ¿te parece? Si no has instalado tu respuesta muscular, te recuerdo que puedes aprenderla en el link www.elimartinezseruno.com/recursos. Verifica cada uno de los incisos y marca los que responden *no* (donde no hay fuerza muscular), lo cual quiere decir que no estás vibrando con esa frase. Después realiza los ejercicios para integrar creencias positivas y cambiar frecuencias que se encuentran en el capítulo 1, página 42.

1. Me siento libre para reiniciar mi vida.
2. Me he liberado de todas mis culpas.
3. Me he liberado de todas las culpas de mi clan familiar.
4. Perdono con facilidad.
5. He perdonado a todas las personas que me han dañado.

6. Me hago responsable de mi vida y de mis decisiones.
7. Me hago cargo de mis errores y asumo las consecuencias.
8. Respondo y reparo cuando hago un daño.
9. Suelto mis apegos con facilidad.
10. Vivo sin expectativas ilusorias.
11. Me relaciono sin expectativas con las personas.
12. Me he liberado de todos mis resentimientos.
13. He dejado de ser una víctima.
14. Entrego su responsabilidad a quien le corresponde.
15. Dejo de cargar paquetes que no son míos.
16. Me siento libre de cargas.
17. Suelto mis expectativas acerca de otras personas.
18. Me he liberado de expectativas impuestas y autoimpuestas.
19. Le doy la bienvenida a lo nuevo en mi vida.
20. Reconozco mis carencias afectivas no resueltas y me encargo de ellas.
21. Reconozco si entro con apego ansioso a las relaciones y me hago cargo de mí.
22. Reconozco cuando entro con apego evitativo a las relaciones y me permito acercarme poco a poco.
23. Reconozco mi miedo al abandono y me hago cargo de mí.
24. Reconozco mi miedo al rechazo y me hago cargo de mí.
25. Reconozco mi miedo a la invasión y al control y me hago cargo de mí.
26. Dejo de usar mis estrategias de control y manipulación en mis relaciones.

27. Pongo límites adecuados cuando los demás usan sus estrategias de control y manipulación conmigo.
28. Asimilo el aprendizaje de mis experiencias y lo aprecio.
29. Aprendo a fluir en la vida con facilidad.
30. Elijo aceptar la vida, a las personas y a las circunstancias, tal cual son.

5

ATRÉVETE A CORRER RIESGOS

> Todo error es producto de la inconciencia. Sin conciencia no hay libertad.
>
> Jorge Lomar

Durante muchos años viví paralizada por el miedo, luchando o huyendo de él, porque no me atrevía a tomar decisiones. Temía fallarles a otras personas y no cumplir sus expectativas, arriesgarme y equivocarme. Tenía miedo de crecer. He visto las consecuencias de esta emoción en muchas personas a mi alrededor. Soy testigo de que preferimos evadirlo, escapar, sobrerreaccionar o someternos ante él. Durante mi infancia viví rodeada de miedos inútiles, ya que mi mente fantasiosa veía sombras, fantasmas y escuchaba voces en las noches, miedos que viví en soledad. Ya en la etapa adulta, cuando comencé a ir a terapia, me di cuenta de que me seguía sintiendo como una niña indefensa ante algunas personas que representaban autoridad. Me quedé callada ante muchas situaciones perjudiciales para mí y me sentía incapaz de afrontarlas. Me tragué mis necesidades con tal de que otras personas no se molestaran conmigo. Siempre estaré agradecida con mi primer terapeuta, Roberto, porque con su suavidad y compasión me dio la confianza para enfrentar y darme cuenta de que lo que yo dimensionaba como irresoluble tenía solución. La primera vez que me atreví a enfrentar a una persona que me daba no miedo, sino ¡terror!, Roberto me dijo: "Eli, ya estás preparada para enfrentarla porque tienes las herramientas para hacerlo." Cuando me lo decía, pensaba que tenía muy buenas intenciones, pero que en realidad no podría lograrlo.

Llegó el día… La persona que me daba tanto miedo dijo: "¡Siéntate, vamos a hablar!" Ella permanecía de pie, muestra corporal inequívoca de que quería mostrar superioridad y poder ante mí. En el interior estaba temblando, ¡créanme! Pero aparentaba calma. La persona me exigió que dejara de hacer ciertas cosas que a ella le incomodaban, pues, de no hacerlo, habría consecuencias; comenzó a alzar la voz, a manotear y amenazar. Cuando recordé las palabras de Roberto diciendo: ¡tú puedes enfrentarla!, me armé de valor y, por primera vez, le dije: "¡No lo voy a hacer!" La persona, ante mi respuesta, aumentó el grado de amenazas, juicios en mi contra, culpas e incluso comenzó a gritar. Me mantuve firme a pesar del miedo y le volví a responder en un tono firme y seguro: "¡No lo voy a hacer! Tú puedes tomar las decisiones que quieras a partir de este momento." Fue tal su desesperación porque no pudo ejercer su control sobre mí, que azotó la puerta y salió furiosa. En ese momento sentí que la sangre me volvía al cuerpo y me sentí muy orgullosa por haberla enfrentado. A partir de entonces me di cuenta de que no pasaba nada, que podía enfrentar mis miedos. Esto me ha llevado a tener grandes logros, a crecer como ser humano y avanzar en el camino, sintiéndome cada vez más fortalecida y confiada.

En el capítulo anterior aprendimos a soltar, aprendimos sobre la culpa y la importancia del perdón. En este capítulo hablaremos de lo que nos limita para tomar decisiones, correr riesgos y aventurarnos a explorar nuevas tierras: *el miedo.* Ese monstruo que nos envenena el alma, nos paraliza, provoca síntomas físicos y enfermedades, autosabotajes, que nos hace experimentar situaciones que ya no queremos vivir repitiendo los mismos esquemas de dolor una y otra vez. Es paradójico cómo seguimos tomando decisiones y pretendiendo crear un futuro diferente cuando lo hacemos desde las mismas decisiones que tomamos en el pasado. ¿Cómo puedes crear una nueva realidad desde el miedo?

El pasado no puede determinar nuestro futuro, ya que te contará mil razones para que no hagas las cosas de manera diferente. En realidad necesitamos que el futuro nos cuente las historias que crearemos en el presente (el mundo de las posibilidades). Pregúntate: ¿quién quiero ser? ¿En quién me quiero convertir? Y, ¿cómo quiero estar? Ese YO que tiene otra realidad, ¿cómo la construye? Obvio, no con miedo, sino con coraje, valentía, confianza, aplomo, compromiso y fe.

¿Quién no ha sentido miedo? Es la emoción número uno en el mundo. Sabemos que tiene otras emociones asociadas, pero necesitamos comprender cómo lo vivimos y experimentamos en diversas situaciones para saber cómo afrontarlo de una manera más asertiva en el presente y en el futuro.

Para dimensionar de qué tamaño es el problema que enfrentamos, primero necesitamos medirlo, ¿estás de acuerdo?

Para ello vamos a explorar nuestra CAA (capacidad de afrontamiento frente a la adversidad). Es decir, veremos cómo afrontamos el miedo.

CAPACIDAD DE AFRONTAMIENTO FRENTE A LA ADVERSIDAD

Martin Seligman, uno de los padres de la psicología positiva, en su libro *Aprenda optimismo* realizó una investigación muy interesante sobre la capacidad o falta de afrontamiento ante la adversidad, lo cual depende de varios factores, como veremos a continuación. Realizó un experimento con animales divididos en tres cajas.

En la primera los animales recibían estímulos eléctricos continuos y aprendieron que por más que intentaran escapar, no había salida, por lo cual dejaron de luchar por salir y se arrinconaron hasta dejarse morir.

En la segunda caja los animales recibían estímulos intermitentes. Cuando apretaban una palanca, el estímulo eléctrico cesaba, con lo cual aprendieron a apretar la palanca para no recibir el estímulo.

En la tercera caja no recibían estímulos eléctricos.

Después juntaron a los animales de las tres cajas en la que generaba estímulos intermitentes para ver qué pasaba.

Los de la primera caja nunca intentaron aprender a apretar la palanca, de inmediato se arrinconaron, a lo cual se le llama "indefensión aprendida", es decir, cuando nos rendimos ante las circunstancias de la vida porque creemos que no podemos salir adelante; el discurso interno es: "Por más que lo intente no hay salida." Y, por desgracia, es muy común encontrar personas que ante las circunstancias que les ha tocado vivir se rinden o dimensionan los problemas bajo la visión de "es imposible, no puedo con esto". Seligman determinó que el grado de indefensión o de optimismo que sintamos, a su vez, depende de dos factores principales:

* **El tiempo:** es decir, qué tanto consideramos que se va a prolongar un problema, su duración o permanencia. Si sentimos que los problemas "nunca" se van a terminar, o que no les vemos fin, vamos perdiendo la esperanza.
* **La profundidad:** es decir, el grado de daño o la gravedad de un problema en particular. Si nos contamos la película de que el problema es de dimensiones muy profundas, comenzaremos a sentir una gran impotencia. Y si vemos los problemas como sin solución ni fin en el tiempo, será más difícil poder afrontarlos.

MIEDO Y ESTRÉS

Cuando vamos al cine, antes de que comience la película estamos conscientes de que la pantalla es una lona blanca y que veremos una proyección filmada con actores. Pero una vez que empieza, nos metemos en ella y se nos olvida que hay personas a nuestro alrededor, las emociones se mueven al vaivén de las actuaciones. ¡Incluso les hablamos a los personajes como si estuviéramos con ellos! Bueno, pues así funciona el miedo en nuestra vida. Es como si estuviéramos en una película de terror las 24 horas del día, los 365 días del año sin salir de allí. Olvidamos que hay otras salas donde podemos ver otras películas (romance, comedia, acción, drama, documental). Nos quedamos instalados en nuestra película de terror sin ver las otras opciones. ¿Te imaginas el desgaste para nuestra psique y organismo? Es como si metiéramos el acelerador y el freno del auto al mismo tiempo. Estás platicando y te vas contando tu película; vas manejando y lo mismo; trabajando, igual. Es decir, desatamos a la loca de la casa (la mente) para que nos atormente con todas las historias de terror acerca de las cosas malas que nos pueden pasar, pero sin ser reales. Es un miedo anticipatorio.

Por otra parte, si en el pasado viviste mucho miedo y dolor, no querrás que te vuelva a suceder en el presente, por lo que aprendes que tienes que cuidarte para no repetir la historia. Pero en realidad estás pasando tus miedos del pasado al futuro, con lo cual, una vez más, impides experimentar nuevas situaciones que te impulsen a crecer y aprender. Es importante parar a la loca de la casa repitiéndole la siguiente frase cuando te caches contando tus historias de terror: "¡Ya déjame en paz!", enfocándote enseguida en algo que te impulse, no que te anule.

Quiero que sepas algo: el miedo nos impide correr riesgos. Pero en sí el miedo (como vimos en el apartado de inteligencia emocional) es un mecanismo biológico que nos ayuda a sobrevivir y nos impulsa hacia el crecimiento, ya que se relaciona con nuestros mecanismos de adaptación. El problema es que la mayor parte de nuestros miedos es imaginaria, por lo tanto sufrimos de forma inútil al crearnos fantasías llenas de angustia y de dolor.

¿Te has preguntado qué harías si no tuvieras miedo?

Pilar Jericó, especialista en el tema de la cultura del "no miedo", clasifica esta emoción de acuerdo con su duración e intensidad, como vemos a continuación:

De forma biológica, ante el miedo desarrollamos cuatro estilos de respuesta o reacciones que aplicaremos según sea el caso, pero cada quien usa uno o dos en especial. Estas respuestas dependen del sistema nervioso simpático (SNS), que tiene que ver con la tensión de nuestro organismo.

> *Imagina que un león viene corriendo hacia ti, ¿qué haces? Seguro me dirás: "¡Corro!" Ése es el mecanismo de "huida". Pero ahora imagina que va a atacar a un familiar muy querido para ti, ¿qué haces? Seguro me dirás: "¡Lo defiendo!" Ése el mecanismo de "lucha". Ahora piensa que de repente te das cuenta de que lo tienes atrás de ti, ¿qué haces? Seguro me dirás: "¡Me paralizo!" Ése es el tercer mecanismo. Por último, imagina que ya te tiene acorralado y comienza a tirar zarpazos, ¿qué haces? Seguro me dirás: "Me rindo." Ése es el mecanismo de "sumisión".*

Veamos cómo se manifiestan estos mecanismos en la vida actual donde no hay un león, pero sí situaciones cotidianas:

1. **Lucha:** son las personas muy reactivas, que viven enojadas, irritables, sobredefendiéndose del entorno o en angustia todo el tiempo, ya que todo representa una amenaza latente, donde los mensajes internos son: "Me tengo que defender." "No puedo confiar." "En cualquier momento me atacarán."
2. **Huida:** es el mecanismo que utilizan las personas que viven evadiendo, negando a través de compulsiones o adicciones, así como aislándose o evitando relacionarse. También las personas que viven fantaseando. Cualquier cosa que ayude a evitar tocar el miedo y el dolor.
3. **Parálisis:** se da en las personas que tienen un grado tal de angustia que les impide moverse. Se presenta cuando viven en continuo maltrato (relaciones con psicópatas o narcisistas). También cuando hay depresión, donde ya no se tiene ningún sentido para continuar con la existencia o cuando hay ataques de pánico. Son las personas que están conscientes de su realidad, pero no hacen nada para cambiarla.
4. **Sumisión:** se presenta en las personas que se someten al verdugo, al igual que en el miedo paralizante, ya sea por maltrato excesivo de psicópatas, narcisistas o adictos. En este punto cabe aclarar que a las personas que viven maltrato no es que les guste, porque mucha gente hace comentarios tales como: "¿Por qué aguantas? Yo que tú ya lo hubiera dejado". "Estás así porque lo permites." "Ya no te voy a apoyar porque no entiendes." Muchas veces, la gente alrededor de alguien maltratado ignora que no es que no quiera dejar a su verdugo, es que no

sabe cómo. Está invadida de miedo, vergüenza y culpa. Por eso necesita ayuda psicológica para lograrlo.

LAS CUATRO RESPUESTAS ANTE EL MIEDO

Para cada una de las respuestas del miedo (lucha, huida, parálisis y sumisión), escribe las siguientes preguntas:

* ¿Qué tiene que pasar para que uses cada uno de los mecanismos del miedo?
* ¿Qué los detona?
* ¿Con quién los usas?
* ¿Cuáles son las sensaciones en el cuerpo que tengo con cada uno de ellos?

Ahora bien, ¿qué es el estrés? El fisiólogo Walter Cannon, uno de los pioneros en su estudio, lo define como "la respuesta ante una amenaza a nuestro equilibrio interno u homeostasis". Pero el fisiólogo y doctor Hans Selye profundizó más en el tema y descubrió que el cuerpo tiene un grupo de respuestas para afrontar al estrés y que, cuando se prolonga por mucho tiempo, nos enfermamos. Asimismo, plantea las etapas en que se desarrolla:

1. **Fase inicial o de alarma:** donde se tiene contacto con el estresor (real o imaginario).
2. **Fase de adaptación o resistencia:** donde se pretende volver a la homeostasis o equilibrio del cuerpo.
3. **Fase de agotamiento:** estrés crónico.

Después descubrió dos tipos de estrés con resultados muy diferentes:

* **Eustrés:** conocido como estrés positivo. Aquí hay un afrontamiento dirigido al problema. Lo usamos cuando enfrentamos con coraje y confianza el miedo para adaptarnos al cambio. Nos impulsa a superar nuestras limitaciones. Promueve la producción de adrenalina, la cual no mata neuronas.
* **Distrés:** conocido como estrés negativo, sirve para sobrevivir como función biológica, pero es negativo cuando lo usamos ante nuestras fantasías. Es decir, lo usamos aunque no haya un estímulo real que amenace nuestra supervivencia. El cuerpo reacciona como si hubiera un riesgo de muerte, pero todo es mental. Por desgracia, a la mente le da igual si la amenaza es real o no y comenzará a dar instrucciones al cuerpo para reaccionar en consecuencia. Este tipo de estrés debilita y resta confianza para actuar. Promueve la producción de cortisol, que mata neuronas. Por lo tanto, es un afrontamiento dirigido a la emoción y no al problema.

Lee con atención la siguiente historia de Mario Alonso Puig:

Un día, Juan llega a casa y ve a su hija pequeña, de unos cinco o seis años de edad, haciendo un círculo. Le llama la atención que su hija se ve seria y preocupada, en lugar de inspirada y alegre (lo cual sería una conducta esperada en cualquier niño dibujando). Así que le pregunta qué está haciendo. La niña le responde:

—No me distraigas, papá, estoy haciendo la tarea.

—Pero, qué pasa hija, ¿por qué traes esa cara?

—Ya te dije que no me distraigas. No me puedo salir de la línea.

—Ay, mi amor, no pasa nada si te sales.

—¡No, papá! ¡Me van a reprobar!

A Juan le preocupó ver a su hija tan pequeña angustiada por una tarea. Así que le dijo:

—A ver, mi amor, no pasa nada si te sales de la línea. Te invito a que hagas la prueba.

—¡Cómo crees, papá!

—Por favor, hija, hazlo por mí. Yo asumo las consecuencias con tu maestra. Hazlo por mí. Salte de la línea.

Su hija se sale del contorno del círculo y con asombro le dice a su papá:

—Mira, papá, ¡ya me salí!

—¡Qué bueno, hijita! Ahora salte un poco más...

Su hija, con más confianza, comienza a trazar más líneas y, al hacerlo, transforma su rostro y le dice:

—Mira, papá, es una estrella; mira, papá, es una flor; mira, papá, es un sol...

¿Qué quiere decir esto? Que cuando nos atrevemos a salir de nuestra zona de confort y a explorar nuevas tierras nos volvemos más creativos, más confiados, más motivados a continuar aprendiendo y evolucionando. El miedo es un freno para el talento y la creatividad.

Me encanta la metáfora de la oruga: entra a un proceso de desestructuración total y deja de ser lo que era para convertirse en algo mucho más hermoso. Recuerda que el cambio representa convertirse en otro YO.

Para correr riesgos es importante que veamos las cosas desde otro ángulo. Mario Alonso Puig, a quien les recomiendo mucho, hace la siguiente metáfora:

> *Cuando vemos un círculo verde, se nos olvida que éste está conformado de dos colores: el azul (el problema real) y el amarillo (la emoción), lo cual derivará en la conducta que llevemos a cabo.*
>
> *Por ejemplo: te corren del trabajo, esto sería el azul, sobre todo si no tienes ahorros u otra perspectiva de negocio. ¿Cómo te sientes ante eso? Pues impotente, insignificante, esto sería el amarillo. Por lo tanto, empiezas a ver este problema como insoluble; es decir, sin solución, no hay salida, no puedes con esto (crisis).*
>
> *En cambio, si le quitas lo amarillo comenzarás a ver el azul (tu problema real) como un desafío y buscarás soluciones.*

Si permitimos que las emociones negativas nos gobiernen, será muy difícil abrirnos al mundo de las posibilidades. Por eso es fundamental aprender a ver las situaciones de la vida desde diferentes ángulos, transformándolas en oportunidades de crecimiento. Todo problema se puede convertir en una oportunidad siempre y cuando lo decidas.

Otro punto importante es lograr pequeñas acciones que te lleven a tu meta, ya que, si te pones grandes retos, por ejemplo, bajar 20 kilos en un mes, te sentirás frustrado por no conseguirlo. En cambio, cuando te propones y logras pequeñas metas alcanzables, te sentirás muy orgulloso de ti.

¿QUÉ NOS IMPIDE CORRER RIESGOS?

Imagina que estás sentado en la orilla del barranco pensando: "¿Brinco o no brinco?" "¿Me lanzo o no me lanzo?" "¿Me atrevo o no me atrevo?" Así te puedes pasar días, meses, años, ¡toda la vida! sin atreverte a dar el salto. Comienzas con estas preguntas: "¿Qué tal que brinco, me caigo y me mato?" "¿Y si brinco y la nueva tierra no me gusta y me arrepiento?" "¿Qué tal que brinco y pierdo lo que tenía?"

Pero en realidad, ¿sabes que te impide hacerlo?...

¡LA INCERTIDUMBRE!

Porque si tuvieras la certeza de lo que va a pasar, de que vas a tener éxito, de que todo va a estar bien, ¡por supuesto que brincarías!

Atreverse tiene que ver con saltar al vacío sin tener la certeza de lo que va a pasar en realidad, ¡porque la certeza no existe! Pero la gran consecuencia por no atrevernos a dar el siguiente paso es que entramos en nuestros mecanismos de supervivencia, es decir, en el distrés, donde nos sentimos faltos de motivación, apáticos, estancados, resignados, en una zona de confort, reaccionando en lugar de actuar, siempre tratando de controlar los resultados propios y ajenos, nos paralizamos haciendo lo mismo, esperando resultados diferentes...

¿Qué necesitamos para tomar la decisión? Tres elementos muy importantes:

* **Fe:** es la certeza de que aunque no sepas qué va a pasar, vas a estar bien. De alguna manera saldrás adelante.

* **Pasión:** es el motor para la acción, es el para qué vale la pena hacerlo.
* **Voluntad:** es la disciplina y la acción constante para llegar a la meta.

¿Qué pasa si te atreves a brincar? Cuando nos atrevemos a correr riesgos entramos en el eustrés, donde nos sentimos orgullosos de nosotros por nuestra valentía, atentos a las nuevas oportunidades, enfocados en el reto (no en el problema), inspirados, gozosos, creativos; actuamos con las nuevas oportunidades que nos da la vida; cambiamos de forma constante, aprendiendo cosas nuevas y trascendiendo nuestros propios límites con un espíritu explorador.

Para Javier Guix, uno de los mejores especialistas en el tema de comunicación, otros miedos asociados son los siguientes:

1. **La indefensión aprendida:** el peor de los pensamientos es creer que "ya soy así", que no vas a cambiar. Cada vez que pensamos y decimos esto, es como rendirse, "ya que no hay nada que hacer"... Pero para alcanzar tus metas y lograr lo que quieres en la vida necesitas transformarte de manera constante, cambiar, reinventarte, ser la persona que sería capaz de hacer lo que quieres.
2. **Baja tolerancia a la frustración:** se expresa con frases como: "Vamos a esperar un poco a ver si mejora la situación", "no se puede por la crisis". Las autojustificaciones: "Si no fuera porque..." (no tengo dinero, estudios, experiencia, edad, etcétera). Y los "es que": "Es que no

tengo tiempo", "es que me cuesta trabajo", "es que ya estoy grande."

3. **Las expectativas:** representan pocos recursos y mucha exigencia acerca de algo. Es un curioso juego humano. Por un lado queremos mucho y por el otro nos lo exigimos: "Debería haber logrado eso", "debería ser aquello". Son trampas que nos ponemos para justificarnos, para no movernos. Es terrible cómo la cultura imperante nos estropea en este sentido. Los estándares establecidos hacen que vivamos con mucha angustia sobre lo que "deberíamos" SER-HACER-TENER.
4. **Vivir de ilusiones:** crearse grandes fantasías; el "ya me vi". Nos pasamos la vida soñando sin aterrizar. Hay que responsabilizarnos de lo que nos toca hacer.
5. **La fuerza de voluntad:** es una respuesta tanto de la mente como del cuerpo. ¿Qué quiere decir esto? Pues que se acaba, ya que el uso de la misma puede agotar los recursos del cuerpo. Es decir, es limitada. La buena noticia es que también se puede entrenar. ¿Cómo? Logrando pequeñas metas alcanzables que nos hagan sentir cada vez más orgullosos de nosotros.

Para lograr nuestras metas y alcanzar el éxito es importante seguir trabajando en la excelencia personal, haciendo todo con ilusión, con lo que nos mueve el corazón y no por obligación. Cambiar los "debo" por los "quiero" o "no quiero".

Es una cuestión de esfuerzo, algo tan devaluado en nuestra época de cosas rápidas, desechables, poco profundas, mágicas, donde no cabe la frustración. Tener paciencia y aprender a esperar el momento de la cosecha es fundamental. Queremos saber más que la vida y eso no es posible.

También es cuestión de conciencia, de estar despierto, de seguir las pautas de lo que va sucediendo, de fluir con los hilos invisibles de la intuición y el entusiasmo, de tener esa actitud de salir adelante a pesar de la adversidad y los obstáculos. Por cierto, ¿sabías que la palabra *entusiasmo* viene del griego *en Theos* y significa tener un Dios dentro?

Al crecer, cada vez que intentamos que en nuestra vida haya un cambio, ocurren cosas muy curiosas, aparecen situaciones, personas, oportunidades, recursos y muchos aspectos que ni siquiera imaginábamos. De manera que hay que seguir adelante a pesar de nuestros demonios internos y externos, los cuales se presentan en forma de personas que van a intentar por todos los medios evitar nuestro crecimiento. Y empieza con algo muy sencillo: ¡cuestionarnos! Por eso es muy importante que no olvidemos "a dónde vamos" y tomemos decisiones desde nuestra parte más intuitiva y sabia, no permitiendo que nos ganen los miedos.

Ahora bien, ¿qué te ayudaría a correr riesgos? En primera instancia una actitud positiva ante la vida, convirtiendo los problemas en desafíos, en retos a vencer. Este simple acto nos pasa al mundo de las posibilidades en lugar de quedarnos atascados en la impotencia.

Es importante buscar la oportunidad dentro del problema. Preguntarte con seriedad: ¿cuál es el beneficio que trae esta situación? Muchas veces nos costará trabajo encontrarlo, pero cuando lo hagas pasarás en automático a otra visión capaz de crear otra realidad. Esto significa dejar de tener una percepción de embudo, donde sólo ves una salida, y lograr una visión de abanico, donde puedes ver diversas alternativas. Deja de preguntarte "¿por qué a mí?" y conviértelo en "¿para qué a mí?". Es decir, para lograr tus metas la regla más sencilla es investigar qué tienes que hacer y **¡hacerlo!** Por ejemplo, si quieres estudiar una carrera, investiga qué tienes que hacer y hazlo; si quieres una relación de pareja, investiga qué tienes que hacer y hazlo; si quieres un mejor trabajo, investiga qué tienes que hacer y hazlo. En pocas palabras, para cambiar tu realidad no basta con la intención, hay que poner acción.

También es importante hacer acciones pequeñas que te lleven al logro del objetivo, ya que, si te pones retos enormes, al momento de no concretarlos te vas a sentir fracasado y frustrado. Lograr pequeñas acciones te hará sentir orgulloso.

Recuerda que el lenguaje crea realidades, ¿con qué lenguaje te estás hablando? Busca un significado que te ayude, no uno que te anule.

FISIOLOGÍA DEL MIEDO

¿Qué pasa en el cuerpo cuando registra miedo?

En el momento en que la amígdala cerebral da la señal de peligro, el sistema límbico comienza a dar instrucciones para producir adrenalina y noradrenalina; las glándulas suprarrenales empiezan a elaborar cortisol, la sustancia química del estrés. En dosis razonables, es la responsable de ponernos alertas y prepararnos para defendernos. En dosis altas nos deja agotados, desorganizados, con poca capacidad de atención y deprimidos; en los niños puede dañar el hipocampo, órgano asociado con la memoria y el humor, explica Ned Kalin de la Universidad de Wisconsin.

El estrés se define como la respuesta fisiológica ante una perturbación del organismo. Cuando esto sucede, el cuerpo se prepara para la lucha o la huida, por lo cual, en casos de sobrevivencia, la sangre se necesita en las extremidades, no en el sistema digestivo, por eso se atrofia y surgen problemas como gastritis o colitis.

La irrigación no llega al cerebro y dejamos de pensar con claridad; en el lóbulo frontal derecho no producimos dopamina, la hormona que nos permite estar confiados y creativos.

El ritmo cardiaco aumenta hasta cinco veces, de ahí el aumento y gravedad de las cardiopatías.

Los órganos más afectados son los riñones y las vías urinarias.

El sistema inmunológico se deprime, por eso el aumento y la gravedad de las enfermedades. Por ejemplo, se descubrió que ante la presencia del miedo los impulsos eléctricos entre las neuronas se retrasan y bloquean. Resultado: disminución en la creatividad y envejecimiento acelerado.

También se ha demostrado que en el cerebro la información pasa primero por el sistema límbico y la amígdala, que es la zona que controla nuestras emociones, y luego por el neocórtex, donde se da nuestro razonamiento. Esto significa que antes de pensar, sentimos. Y cuando ya desatamos a la loca de la casa (la mente) con nuestras historias de terror, la información llegará distorsionada y nuestra capacidad de pensar con claridad se afectará, dejando de ver las diferentes alternativas. Cuando hay estrés crónico se ha comprobado muerte neuronal, afectación en distintas áreas del cerebro y en las conexiones neuronales.

En cuanto a las ondas cerebrales, cuando estamos estresados comenzamos a funcionar en ondas beta alta, lo cual genera dispersión, falta de concentración e imposibilidad para enfocarnos en una situación y resolverla con facilidad. Esto quiere decir que el mismo miedo que nos ayuda a sobrevivir ante una amenaza real, nos puede limitar en la vida diaria.

A continuación les presento una tabla de Pilar Jericó sobre nuestros miedos principales:

MOTIVACIÓN PRINCIPAL	MIEDO ASOCIADO	ALGUNOS MEDIOS DERIVADOS
Satisfacer las necesidades básicas	A la no supervivencia	A perder el trabajo A no llegar a fin de mes
Afiliación	Al rechazo	A ser distinto Al éxito o a destacar A relacionarse con otras personas
Logro	Al fracaso	Al error Asumir riesgos A tomar decisiones A no ser reconocido por el trabajo
Poder, influencia	A la perdida del poder	A perder un puesto de influencia A no ser reconocido socialmente
Todas las anteriores	Al cambio	A un cambio de función A un cambio de locación

Estos miedos pueden ser positivos si te motivan a alcanzar una meta perseguida, es decir, usar el eustrés que te impulsa al cambio, y negativos si te paralizan y acaban con la creatividad, el talento, la innovación y la armonía en nuestra vida.

Necesitamos la motivación suficiente para enfrentar el miedo. Esta motivación es la fuerza impulsora, la pasión, el sentido de vida.

Veamos ahora cuáles son las características de los diferentes miedos:

1. **La supervivencia:** es el miedo principal de todo el reino animal porque tiene que ver con la vida y la muerte. Condiciona muchas de nuestras conductas cotidianas y de relación de manera inconsciente. El no tener dinero, trabajo, estar enfermo, amenaza la sobrevivencia, por lo tanto haremos todo lo posible para orientarnos a la vida. Entre menos recursos tengamos para sobrevivir de manera real o imaginaria, estaremos más sujetos a él. Como ya vimos, mientras más ligada esté una emoción a la sobrevivencia, más difícil será gestionarla.
2. **La afiliación al grupo:** es el miedo al rechazo y a la exclusión, es decir a la falta de pertenencia a la tribu. Afecta de forma directa a la sobrevivencia, biológicamente hablando, ya que conservamos estas memorias ancestrales donde ser rechazado por la tribu representaba una muerte segura. ¿Qué has hecho o dejado de hacer con tal de ser aceptado? ¿Cuáles han sido las consecuencias?
3. **El éxito y los logros:** a todos nos gusta sentirnos orgullosos de nuestros logros y éxitos, ya que la idea del fracaso nos llena de vergüenza y culpa. En una sociedad competitiva como la nuestra, la idea de fracasar puede llevarnos a dejar de intentar con tal de no vivir las emociones que se puedan presentar.
4. **Poder e influencia:** como bien sabemos, el poder es un afrodisiaco que nos gusta a todos y por el cual muchos se pierden o harán todo lo posible para nunca soltarlo.

A todos nos gusta ejercer una influencia en los demás y generar un prestigio que nos dé poder, con los beneficios que esto representa. El poder bien manejado comienza por el estar centrado en ti, reconociendo tu verdadera esencia. Diferentes estudios han demostrado que contribuir de manera genuina a mejorar la vida de los demás y poner tus dones y talentos al servicio de la vida es la mayor fuente de felicidad.

5. **El cambio, madre de todos los miedos:** como ya vimos, tener hábitos y realizar rutinas nos da una "falsa seguridad", por eso es muy amenazante atrevernos a hacer cosas diferentes. Pero hemos olvidado que para el ser humano es importante estar en contacto con lo novedoso y aprender de forma constante, algo que, además de ser una gran fuente de motivación, permite la "neurogénesis", es decir, la generación de nuevas conexiones neuronales: el mayor preventivo para el Alzheimer. Cuando nos da miedo correr riesgos, dejaremos de producir dopamina en el lóbulo frontal derecho, lo cual tiene que ver con la creatividad que necesitamos para buscar nuevas alternativas de solución. El no saber manejar la incertidumbre nos mantiene atados a dar los pasos necesarios para abrirnos a nuevas experiencias.

¿QUÉ NECESITAMOS PARA CORRER RIESGOS?

Para atrevernos a correr riesgos, cambiar, hacer cosas distintas y reinventarnos necesitamos un cambio personal. Otra vez, sólo siendo una persona diferente a la que eres, podrás lograr ser y hacer lo que quieres. Ojo, no me refiero a la esencia porque es perfecta. Me refiero al EGO, el que tiene el control de tu vida y genera tu realidad (justo la que no te gusta).

¿Has notado que cuando no estás cómodo en un momento o situación de la vida imaginas escenarios donde supones que serías más feliz? Sólo ves lo que te falta, lo que no tienes y lo que deseas, entonces comienzas a sentirte frustrado y a sufrir. De ahí que supongas la necesidad de hacer algo para obtener lo que crees que será la fuente de tu felicidad. Es decir, el camino idílico del "¿dónde estoy?" y "¿a dónde quiero ir?".

Sólo que hay un problema, para llegar a ese futuro elegido necesitas cruzar el río de los obstáculos y enfrentar tus miedos. Y entonces te vuelves loco en una dialéctica mental contándote todo lo que te puede pasar: "Brinco o no brinco", "Lo hago o no lo hago", "Quiero cambiar pero no sé cómo..."

En este sentido yo te preguntaría: ¿hay alguien que te esté esperando al otro lado de esta orilla? ¿Te han hecho una oferta en el otro lado del río? ¿Tienes una casa o dónde cobijarte al otro lado? Si la respuesta es no, entonces ¿para qué quieres ir? Seguro dirás: "Entonces ¿no tengo que ir?" Pues no... No tienes que cruzar a la otra orilla si no quieres hacerlo. Sólo reflexiona bien qué ocurre con esta situación actual que te molesta. ¿Qué te sucede con esta relación? ¿Qué te pasa en el trabajo que no te gusta? Hay que resolver la dificultad para ver todos los recursos que necesitas desarrollar que te ayuden a lograrlo.

Ahora bien, los que son aguerridos y se lanzan sin pensarlo, está perfecto. Pero hacerlo no significa que siempre sea un acierto. En mi caso soy así y, aunque ha valido la pena el trayecto, me he dado muchos golpes innecesarios por no estar preparada para la aventura.

En cambio, cuando primero te transformas tú, tienes una nueva mirada sobre la vida, la existencia y lo que te conviene. Es decir, cambias tú, cambias la situación que te aqueja. Pero muchas personas comienzan al revés. Por ejemplo: "Quiero cambiar de trabajo, pero no sé para qué sirvo", y entonces surgen las dudas interminables y las indecisiones.

Por lo tanto, primero hay que preguntarse: ¿dónde estoy en este momento y hasta dónde quiero llegar? ¿Cuál es mi actitud ante lo que ocurre? ¿Me entrego a lo que va sucediendo y a partir de allí voy construyendo? O ¿me lanzo a la lucha continua? ¿Desde dónde estoy tomando mis decisiones? Muchas veces estas preguntas no son fáciles de contestar, pero vale la pena tomarse un tiempo para hacerlo y comenzar a descubrir tu verdad.

Otra de las grandes realidades es que la mayoría de los seres humanos no sabe qué quiere en realidad, de manera que se pierde en sus miedos anteriores. En este sentido lo más importante es observar hacia dónde ya estás yendo. O tal vez estoy bloqueado, paralizado... Observa hacia dónde va tu palabra y tu cuerpo para volverte a preguntar, desde dónde estás tomando las decisiones.

A veces la vida te lleva a pasar por otros caminos diferentes a lo planeado. Es evidente que el primer paso lo tienes que dar tú, pero si suceden contingencias en el camino (que ya sabemos que siempre ocurren) ¿cómo las vas a aprovechar y cómo te ayudarán a llegar a donde quieres?

El cambio ocurre porque se da la ocasión y tú la aprovechas, lanzándote a vivir la experiencia al máximo, visualizándote, sintiéndote, empapándote de la información necesaria acerca de lo que quieres lograr. Lo que no puedes cambiar es tu "¿a dónde?" y "¿desde dónde?". El "cómo" es lo de menos.

Te voy a enseñar un truco muy sencillo llamado "escalera de las decisiones" para saber si estás tomando buenas decisiones o no.

Imagina que estás en una escalera. Subes o bajas (no puedes hacer las dos cosas al mismo tiempo) o quizá te quedas parado en algún peldaño. ¿De acuerdo? Pues lo mismo pasa con nuestras decisiones: tomas decisiones basadas en el amor o en el miedo.

Las basadas en el amor te llevan al crecimiento, gozo, paz, alegría, seguridad y confianza. Cierto, muchas veces necesitamos tomar decisiones dolorosas, pero que en el fondo sabemos que son buenas para nosotros y nos generan paz.

En cambio, las decisiones basadas en el miedo te llevan a la inseguridad, desconfianza, sufrimiento, culpa, angustia, vergüenza, etcétera. Si dudas, quiere decir que sigues en el miedo, así que no tomes ninguna decisión hasta estar seguro.

¿Cómo saber si estoy tomando la decisión basándome en el miedo o en el amor? Muy sencillo, tu cuerpo te lo va a decir.

Si es una decisión basada en el amor, tu cuerpo se relajará; en cambio, si está basada en el miedo, se tensará. Por eso ¡escúchalo!

EL CAMBIO

Recuerda que lo que aparenta ser un camino incorrecto, te puede llevar a donde quieres, asumiendo e integrando todas las experiencias para enriquecerte. Cuántas veces no has dicho: "Gracias a estas circunstancias ahora estoy aquí." Esto quiere decir que adquiriste más recursos personales, desarrollaste nuevos talentos y destrezas que te fortalecieron y te hicieron avanzar en el camino.

LA CURVA DEL CAMBIO

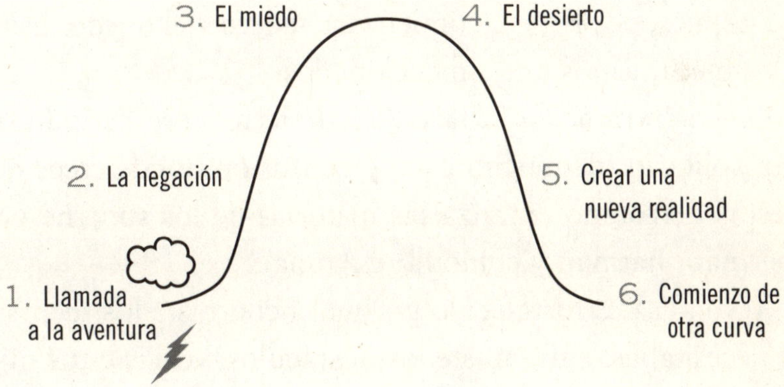

Nos transformamos de manera continua aunque no queramos. Todo cambia: nuestras células, relaciones, vida... De manera que siempre estamos reiniciando y evolucionando, aunque la intensidad sea diferente en cada caso. Por eso te voy a explicar "la curva del cambio".

Recuerda que somos seres narrativos, nos contamos historias como si fueran cuentos. De hecho, la curva del cambio se entiende muy bien con base en las películas o cuentos de héroes o grandes personajes históricos.

Todo comienza con una llamada a la aventura. Puede ser una llamada "al cielo": las sorpresas agradables que nos tiene la vida de vez en cuando, por ejemplo, ganarte la lotería, enamorarte o encontrar el trabajo de tus sueños. En otras ocasiones es una llamada "al infierno": te corren del trabajo, te piden el divorcio, te traicionan, te quedas sin dinero o te enfermas. En estos casos entrarás en crisis.

Entonces usamos el mecanismo por excelencia de la mayoría de los seres humanos: la negación. "¡Esto no me puede estar pasando a mí!" Es la resistencia psicológica (cuando creemos que no podemos enfrentar lo que la vida nos demanda).

Después, por lógica, comienza a aparecer el miedo, usando los mecanismos antes mencionados.

Luego entramos a la fase del "desierto", ese periodo oscuro, solitario, de mucho caos y confusión donde crees que ya estás derrotado (analiza las historias de los superhéroes: Superman, Batman y el Hombre Araña).

Al final sales fortalecido porque encontraste los recursos que necesitabas, enfrentaste los obstáculos, venciste tus miedos y creaste una nueva realidad para comenzar otra curva del cambio.

Les quiero compartir un texto de Paulo Coelho que aparece en su libro *A orillas del río Piedra me senté y lloré*. Es un fragmento que me encanta y engloba todo lo que hemos tratado en este capítulo:

"Es necesario correr riesgos, decía. Sólo entendemos del todo el milagro de la vida cuando dejamos que suceda lo inesperado."

Todos los días Dios nos da, junto con el sol, un momento en el que es posible cambiar todo lo que nos hace infelices. Todos los días tratamos de fingir que no percibimos ese momento, que ese momento no existe, que hoy es igual que ayer y será igual que mañana. Pero quien presta atención a su día, descubre un instante de silencio después del almuerzo, en las mil y una cosas que nos parecen iguales. Ese momento existe: un momento en el que toda la fuerza de las estrellas pasa a través de nosotros y nos permite hacer milagros.

La felicidad es a veces una bendición, pero por lo general es una conquista. El instante mágico del día nos ayuda a cambiar, nos hace ir en busca de nuestros sueños. Vamos a sufrir, vamos a tener momentos difíciles, vamos a afrontar muchas desilusiones... pero todo es pasajero, y no deja marcas. Y en el futuro podemos mirar hacia atrás con orgullo y fe.

Pobre del que tiene miedo de correr riesgos. Porque ése quizá no se decepcione nunca, ni tenga desilusiones, ni sufra como los que persiguen un sueño. Pero al mirar hacia atrás —porque siempre miramos hacia atrás— oirá el corazón que le dice: "¿Qué hiciste con los milagros que Dios sembró en tus días? ¿Qué hiciste con los talentos que tu Maestro te confió? Los enterraste en el fondo de una cueva, porque tenías miedo de perderlos. Entonces, ésta es tu herencia: la certeza de que has desperdiciado tu vida."

Pobre de quien escucha estas palabras. Porque entonces creerá en milagros, pero los instantes mágicos de su vida habrán pasado.

LA CHAMBA

A continuación te presento una batería de cuestionarios y ejercicios que te ayudarán a descubrir dónde estás atorado y qué te impide tomar decisiones. Te invito a que te tomes el tiempo suficiente para contestar y reflexionar cada uno. No tienes prisa. Escribe las respuestas, no sólo las pienses.

CONTAR LA VERDAD SOBRE TU VIDA

Responde de forma sincera y detallada los siguientes puntos:

1. Aspectos que has evitado en tus relaciones.
2. Aspectos que has evitado en tu vida profesional.
3. Aspectos que has evitado respecto a tu salud.
4. Aspectos que has evitado en tu vida espiritual o interior.
5. Aspectos sobre los que has evitado contar tu verdad o enfrentarte a ésta.
6. Aspectos de tu vida que no están equilibrados.
7. ¿En qué aspectos tienes la sensación de haberte estancado?
8. ¿En qué aspectos te sientes desanimado, paralizado, vacío o qué aspectos crees que ya no tienen sentido?

ENFRENTAR LO QUE TE AVERGÜENZA Y TU LADO OSCURO

Responde las siguientes preguntas:

1. ¿Hay algo que te atemoriza?
2. ¿Cuáles son los sentimientos o pensamientos de los que por dentro te avergüenzas?
3. ¿Sientes algún deseo del que te avergüences?
4. ¿Cuáles sentimientos o pensamientos te avergonzarían si alguien los descubriera?
5. Si no fuera por los remordimientos o las obligaciones, ¿qué te gustaría hacer?
6. ¿Te ha ocurrido algo que no quieres que nadie sepa?
7. ¿Has hecho algo que no quieres que nadie sepa?

DESCUBRIR TUS MIEDOS

Responde las siguientes preguntas:

1. ¿Qué situaciones me generan desconfianza?
2. ¿En qué situaciones titubeo sobre mis capacidades?
3. ¿En qué situaciones me siento culpable y de qué?
4. ¿En qué situaciones me siento inferior a otro?
5. ¿En qué situaciones dudo de quién soy?
6. ¿Soy quien creo que soy? ¿De verdad sirvo para esto?
7. ¿En qué situaciones me da miedo la intimidad?
8. ¿En qué situaciones me contraigo y me concentro en mí?
9. ¿Qué recursos personales necesito para poder correr riesgos? (Conocimientos, destrezas, habilidades, actitudes, valores, hábitos, etcétera.)

LA PELÍCULA DE TU VIDA

Responde las siguientes preguntas:

1. ¿Cuáles son mis cinco principales valores?
2. ¿Cómo le hago para buscarlos?
3. ¿Por qué estaría dispuesto a dar mi vida?
4. ¿Qué tendría que hacer o dejar de hacer hoy para que dentro de cinco años me sienta muy orgulloso de mí?
5. ¿Qué título le pondrías a tu vida?
6. ¿Cuál sería la trama? (Acción, drama, comedia, aventura, suspenso, terror, romance...)
7. Construye la trama de tu vida en máximo cuarenta palabras. Ni una sola más.

JUEGOS FAVORITOS

Este ejercicio lo aprendí en el Instituto Utopía Gestalt, en Querétaro, dentro del diplomado en Conductas de Riesgo, y es muy útil para que te reconectes con tus pasiones, incluso es posible que tu sentido de vida esté muy ligado a alguno de estos juegos o habilidades. Por ejemplo, cuando era niña me encantaba jugar a ser actriz, pero como mis hermanos no querían jugar conmigo hacía mis monólogos y podía pasar horas jugando a eso. Hoy en día no soy actriz, me queda muy claro; pero cuando doy mis cursos o conferencias despliego mis dotes artísticas para hacerlos más dinámicos y lo disfruto muchísimo.

* Cuando tenías ocho años, ¿qué hacías? ¿A qué jugabas? ¿Lo hacías solo o en grupo? ¿Corrías o te escondías? ¿Cuál era tu papel? ¿Ponías los lineamientos? ¿Hacías trampa?
* Haz una lista de cinco cosas que jugabas de pequeño.
* Elige una y trata de retomarla (quizá debas adaptarla a las circunstancias actuales).

¿A qué jugaba? Jugaba solo o acompañado	Aprendizaje o habilidad aprendida	¿Hoy por hoy sigo utilizando esos aprendizajes o habilidades? Sí/No, ¿por qué?
1.		
2.		
3.		
4.		
5.		

Este ejercicio es muy importante porque te ayuda a descubrir las cosas que disfrutabas hacer en la infancia, tu preferencia por hacerlas solo o acompañado y cuáles aprendizajes sigues usando.

LA MISIÓN PERSONAL

También tomado del diplomado en Conductas de Riesgo en el Instituto de Utopía Gestalt.

1. ¿Cuál es mi propósito principal en la vida?
2. ¿Para qué creo que existo en este mundo?

3. ¿Qué le daría el mayor sentido y valor a mi existencia?
4. ¿Qué me haría sentir pleno al final de mi existencia?
5. ¿Qué quiero aportar a quienes me rodean con mi paso por este mundo?
6. Después de revisar tus respuestas redacta tu misión personal.

¿QUÉ HACEMOS PARA MANEJAR NUESTROS MIEDOS?

Primero hay que trabajarlos de forma física a través de técnicas sencillas que te ayudarán a evitar los medicamentos, pero sobre todo a crear hábitos saludables para gestionarlos. Eso sí, aclaro que requieren práctica y entrenamiento constantes. Así como entrenas el cuerpo cuando haces ejercicio para fortalecerlo, nuestro sistema cuerpo-mente necesita ser reentrenado. La constancia y la disciplina son súper importantes para lograr resultados en cualquier área de nuestra vida.

1. **Técnicas de respiración**

   La respiración es el primer indicativo de que tenemos altos niveles de estrés o que estamos tranquilos. Cuando presentamos una respiración corta y rápida que sólo llega hasta el pecho, estamos en problemas. Necesitamos aprender a manejar la respiración hasta lograr que sea larga y profunda, inflando el estómago. Las mujeres, en particular, meten la panza al inhalar y esto hace que llegue menos oxígeno al cerebro.

   A continuación te enseñaré unas respiraciones muy potentes que te ayudarán a manejar el estrés.

* **Respiración 4-7-8:** fue descubierta por el doctor Andrew Weil y es muy fácil de hacer. Con los ojos cerrados y los pies en el piso o acostado, inhala profundo por la nariz contando hasta 4, retén el aire contando hasta 7 y exhala por la boca muy lento contando hasta 8. Realiza series de cuatro veces seguidas, cuatro veces al día. Es bastante efectiva contra el insomnio.
* **Respiración de las glándulas suprarrenales:** como ya sabemos, la sustancia química del miedo se produce en las glándulas suprarrenales, que están arriba de los riñones. Imagina que inhalas aire color azul cielo por la nariz y lo llevas a las glándulas suprarrenales y los riñones, imaginándote que los tiñes de ese color por dentro y por fuera. Ahora exhala por la boca aire color negro que representa tu estrés. Continúa haciéndolo, hasta que el aire negro se torne transparente. Verás cómo te sientes mucho más relajado.

  Como breviario cultural, Eva Heller fue pionera en la investigación de los colores y hoy se sabe que el azul cielo (o el azul del mar) es el que más nos relaja. Genera tranquilidad, confianza, calma y orden.
* **Otras respiraciones efectivas:** inhala diez veces por la nariz y exhala por la boca; mientras inhalas cierra los puños con fuerza, doblando los brazos hacia ti, y cuando exhales ábrelos extendiendo tus brazos. Después escribe en un papelito las emociones negativas que estás sintiendo, haz bolita el papel con las manos y tíralo al cesto de basura. Después escribe en otro papel las emociones que quieres sentir y guárdalas en tu bolsillo. Léelas cuatro veces al día.

Respira con los ojos cerrados lentamente hasta sincronizar el ritmo cardiaco con tu respiración.

En todas las respiraciones es importante que revises tu cuerpo para que te des cuenta de la diferencia.

2. Sonidos

En la actualidad contamos con una gran variedad de sonidos, cuyas frecuencias específicas nos ayudan a mejorar diferentes estados de ánimo. A continuación te recomiendo algunos de ellos.

* **Sonidos binaurales:** alteran las ondas cerebrales y aumentan el grado de conciencia. Pueden tener efectos benéficos para el insomnio, depresión, problemas de atención y estrés. Los encuentras en internet. Se recomienda escuchar con audífonos.
* **Música de las ondas cerebrales:**
  - Música de la onda alfa: efectiva para relajarte y decretar. Es la onda que usamos cuando estamos entre dormidos y despiertos.
  - Música de la onda theta: muy buena para dormir cuando hay problemas de insomnio.
  - Música de la onda delta: muy buena para estados de estrés agudos.
  - Las ondas alfa, theta y delta son las que nos permiten crear otra realidad.

3. Meditación

Aprender a centrarte en ti es fundamental. Están demostrados los múltiples beneficios de meditar. Una técnica que está funcionando muy bien por su sencillez y practicidad es *Mindfulness* (atención plena). Significa prestar atención de manera consciente a las experiencias que se están viviendo en el momento presente, de un modo particular, con amor, interés, curiosidad, aceptación y sin juzgar lo que esté pasando. Es la conciencia en el presente, no elaborativa ni condenatoria, en la que cada pensamiento, sentimiento y sensación que surge en el campo atencional es reconocido y aceptado tal cual es. John Kabat Zinn dio a conocer esta técnica proveniente de la milenaria meditación budista. Los primeros días de práctica pueden ser difíciles. Pero con el tiempo notarás la diferencia en tu cuerpo, estado de ánimo y mente. La maravilla de *Mindfulness* es que la puedes hacer a cualquier hora y en cualquier lugar, incluso estando de pie.

* **Beneficios:**
    - Reducción del estrés
    - Mayor atención
    - Mayor empatía
    - Decisiones más conscientes
    - Mejor gestión emocional
    - Mejores relaciones interpersonales
    - Mayor creatividad
    - Mayor flexibilidad
    - Mayor bienestar
    - Mejor salud
    - Cambios cerebrales: aumento en la actividad de la corteza prefrontal (relacionada con el diseño y crea-

ción de nuestra realidad), aumento en el volumen de la materia gris y efectivo inhibidor de la amígdala

Puedes encontrar mi meditación de *Mindfulness* en los videos de RA de este capítulo o en www.elimartinez-seruno.com/recursos.

4. **Entrega tus problemas a un Poder Superior**

El rendirte ante las situaciones de la vida puede ser uno de los mejores regalos que recibas. Aceptar no significa resignarse, como mucha gente piensa. Significa rendirse ante las circunstancias de la vida, dejar de pelearse con ella.

Te recomiendo la pequeña oración que realizo todas las mañanas: "Señor, qué sé yo lo que es mejor para mí. Haz en mí según tu palabra. ¿Cómo te puedo servir y servir a la vida de la mejor manera?" Esta oración me ayuda a recordar que hay un Poder Superior (como quieras llamarlo) a quien puedes entregarle todas tus preocupaciones.

El EGO siempre quiere gobernar, pero lo hace con base en los mismos programas que no te han funcionado muchas veces; es decir, has tomado decisiones no muy sabias que te llevaron a sufrir de forma innecesaria.

En cambio, cuando te rindes y permites que el Plan Divino opere para ti y colaboras sumándote a su proyecto, todo comienza a fluir de mejor manera.

LA CONFIANZA

Una vez que hemos soltado, es fundamental recuperar una emoción básica: la confianza. Ésta nos permitirá estar vulnerables de nuevo, abiertos para recibir lo mejor, tomar riesgos sin el miedo a la traición o a la frustración.

Primero recupera la confianza en ti, en tus recursos, tu potencial y capacidades, creyendo que mereces sólo lo bueno y lo mejor, para después poder confiar en los demás y en el proceso de la vida tal cual es.

Se trata de saber que la vida nos pondrá todo lo que necesitamos para avanzar en nuestra misión y propósitos, confiando en que las personas no vienen a lastimarnos, sino a enseñarnos en todo momento, algunas veces a través del amor y otras del dolor.

Recuerda que la confianza es la raíz del amor que permitirá que florezcan nuestras relaciones de cualquier tipo.

VERIFICACIÓN DE CREENCIAS

Ahora trabajemos con el test muscular para revisar tus creencias relacionadas con la autoestima, ¿te parece? Si no has instalado tu respuesta muscular, te recuerdo que puedes aprenderla en el link www.elimartinezseruno.com/recursos. Verifica cada uno de los incisos y marca los que responden *no* (donde no hay fuerza muscular), lo cual quiere decir que no estás vibrando con esa frase. Después realiza los ejercicios para integrar creencias positivas y cambiar frecuencias que se encuentran en el capítulo 1, página 42.

1. Me atrevo a enfrentar mis miedos con valentía.
2. Me libero de mis miedos.
3. Me permito cometer errores y aprender de ellos.
4. Me permito fracasar sin culparme por ello.
5. Estoy reconciliado con los errores y el fracaso.
6. Reconozco mis miedos y les quito su nivel de certeza con facilidad.
7. Acepto el cambio con facilidad.
8. Cambio de forma constante para mejorar.
9. Me adapto al cambio con facilidad.
10. Me permito correr riesgos.
11. Tengo muy bien definido desde dónde voy y hacia dónde.
12. Vivo con pasión, fe y voluntad.
13. Dejo de autosabotearme.
14. Comprendo que los obstáculos en la vida son temporales.
15. Comprendo que la profundidad de los problemas que tengo no es tan grave.
16. Convierto los problemas en oportunidades.
17. Los obstáculos son desafíos para mí.
18. Confío en mí.
19. Confío en el entorno.
20. Confío en mí y en el entorno.
21. Tengo una visión clara de mí y de mi vida.
22. Uso la prudencia de forma adecuada.
23. Pido ayuda y apoyo cuando lo necesito.
24. Busco los recursos, herramientas y lo que necesite para lograr mis objetivos.
25. Me caigo y me vuelvo a levantar siempre.

26. Acepto lo que no puedo cambiar.
27. Salgo de la inercia con facilidad.
28. Confío en que estaré bien de alguna u otra manera.
29. Me siento orgulloso de mis logros.
30. Estoy dispuesto a cambiar lo que sea necesario para alcanzar mis sueños.

6 RECUPERA TU PODER

> Debes ser quien eres —dijo la Duquesa a Alicia— o, si quieres que lo exprese de forma más sencilla, nunca trates de ser lo que tal vez hubieras debido ser o lo que pudieras haber sido, sino aquello que deberías haber sido.
>
> Lewis Carrol, *Alicia en el país de las maravillas*

Lety es una de las mujeres que más me ha impactado en la vida.

Un día me llamó la directora nacional de Mary Kay para darle terapia a una de sus chicas con depresión. Llegó una joven muy bonita y arreglada. Me comentó que su esposo murió en un accidente automovilístico, igual que su padre, y perdió el bebé que venía en camino. Estaba sola en el mundo, tenía un niño de ocho años y su depresión. Trabajamos durante varios meses, cada semana asistía a sus sesiones de terapia. Como estaba muy comprometida con su crecimiento, pronto salió adelante. Al cabo de unos meses hubo un desayuno de reconocimientos en esa compañía y Lety daría su testimonio de crecimiento. En ese momento me fui de espaldas ¡ganaba tres mil pesos mensuales cuando empezó a ir conmigo! ¿Cómo pagaba la terapia cada semana? No tenía ni idea, de haber sabido no le habría cobrado. Cuando bajó del escenario le pregunté:

—Lety, ¿por qué no me dijiste cuál era tu situación económica?

Con su cara de pícara y la hermosa sonrisa que la caracteriza me contestó:

—Ay, Eli, porque en ese momento le dije a Diosito: "Diosito, estoy enferma y necesito ayuda. Necesito dinero para pagarme mis terapias. Así que ayúdame a vender, que yo hago mi parte." Y entonces me puse a vender mis productos y con eso pagué mis terapias.

Al momento de dar este testimonio ganaba diez veces más y tenía una unidad de trabajo muy sólida. También formó otra en Estados Unidos, donde radica en la actualidad con su esposo y sus dos hijos. Sobrevivió a un cáncer de mama muy agresivo con su característica confianza y fe. Tiene una familia hermosa y es ejemplo para su comunidad, ayudando y apoyando a muchas personas.

Les cuento esta historia porque es un ejemplo de fe, pero también de reconocer que todo el tiempo estamos conectados con algo mayor a nosotros: la Fuente, Dios, Poder Superior, Universo, Vida o como quieras llamarlo. Lety se sabía poseedora de este poder al sentirse conectada con Dios. Pero la mayoría de los seres humanos se siente desconectada de Él. Nos sentimos como separados, como si no tuviéramos ninguna responsabilidad en la creación de nuestra realidad.

El poder es la capacidad de recordar quién eres, reconocer tu verdadera esencia divina para ayudar a otras personas a recordar quiénes son. Ver hacia adentro, no hacia afuera como hacemos casi siempre. Elaborar nuestro camino de grandeza sin temor a equivocarnos y dejar de cumplir las expectativas ajenas. Si te fijas, esto no es tarea fácil, ya que tienes que pasar de ser una víctima a ser un protagonista de tu vida. Pero mientras no reconozcas tu naturaleza, te sepas hijo de Dios y te sientas conectado con Él y con el Todo... no podrás brillar en todo tu esplendor. El poder es nuestro derecho, pero también nuestra responsabilidad, porque una vez que recuerdas quién eres ya no hay marcha atrás, por eso muchas personas deciden vivir anestesiadas.

Cuando estás conectado experimentas paz y gozo infinitos porque te das cuenta de que no eres culpable de nada (ni nadie te ha hecho nada), sino que sólo somos parte de un engranaje perfecto llamado vida y que todo lo que te pasa es para tu mayor provecho, beneficio y evolución. También tomamos conciencia de que nada es lo que aparenta ser y que todos estamos conectados a través del tiempo y del espacio. Esto te ayuda a permanecer mucho más presente en la vida y atento a lo que pasa, pero de una manera amable y amorosa.

Todos los días podemos decidir qué queremos creer, qué semillas de pensamiento sembrar para el futuro y cómo sentirnos ante los acontecimientos de la vida. No hay víctimas ni culpables, somos cocreadores de nuestras historias compartidas, donde el otro siempre es un maestro de vida que nos enseña a través del amor y el dolor. Cuando aceptamos nuestra verdadera esencia, reconocemos que sólo venimos para vivir una experiencia humana; comprendiendo que estamos aquí para realizar una misión o propósito de vida, sea el que sea, con amor y servicio para llenarnos de un mayor gozo.

El poder tiene que ver con el confiar plenamente en el proceso de la vida, asumiendo que todo está hecho. Cuando entregas tu poder, vives peleándote con lo que es y está. El poder es el amor y la sabiduría de reconocer que recibirás de la Fuente lo que estés dispuesto. Cuando no estás en tu poder vives en el miedo, la desconfianza, la no aceptación y tu falta de poder se alimenta del EGO.

Para asumir tu poder necesitas:

* Conciencia: representa el darse cuenta. La conciencia te ayudará a percibir cuando estés fuera de tu centro, viviendo en el EGO o en la loca de la casa.
* Consciencia: representa la conexión con tu parte divina (supraconsciente, Espíritu Santo, Ser Superior, intuición, doble cuántico o como quieras llamarlo). Te mantiene en tu centro y donde puedes experimentar paz y gozo infinitos porque te das cuenta de que no eres culpable de nada y nadie te ha hecho nada. Es decir, elegiste crear tus historias de dolor invitando a todos los personajes de tu vida a tus películas para mostrarte cuáles son tus programas que hay que transformar, tus memorias de miedo y de dolor que hay que superar. En pocas palabras, eres cien por ciento responsable de la vida que estás creando y sólo tienes el poder de transformar en el momento en que así lo decidas, sembrando nuevas semillas para crear el futuro posible.

Cuando te atreves a soltar tus programas y te abres a experimentar tu verdadero SER conectado con el Todo, dejas de sentirte separado de los demás, te ves, te comprendes y te sientes en los demás... y te unes.

Una vez que aceptas tu verdadera esencia divina reconoces que sólo estás experimentando una vida humana donde tu cuerpo es el auto, pero no el chofer, y que así como cambias de coche, algún día dejarás este cuerpo pero el conductor seguirás siendo tú.

¿Cómo sabemos si vivimos en el poder? Es muy sencillo, el maravilloso trabajo realizado por uno de mis ídolos en esta materia, el doctor David R. Hawkins, nos dice cómo saberlo en su libro *El poder contra la fuerza*:

> *En nuestra escala de conciencia, hay dos puntos críticos que permiten mayores avances. El primero es a 200, el nivel inicial de empoderamiento. Aquí surge la voluntad para dejar de inculpar y aceptar responsabilidad por las propias acciones, sentimientos y creencias. En tanto que la causa y la responsabilidad sean proyectadas fuera de uno mismo, uno permanece en la clásica actitud impotente del victimismo. El segundo es en el nivel de 500, el cual es logrado al aceptar el amor y el perdón sin juicios como estilo de vida, ejercitando la amabilidad incondicional hacia todas las personas, cosas y eventos sin excepción. (En los grupos de recuperación de los 12 pasos se dice que no hay resentimientos justificados. Aun si alguien "lo hirió", usted tiene aún la libertad de seleccionar su respuesta y dejar que el resentimiento parta.) Una vez que uno logra este compromiso, su percepción evoluciona y comienzas a experimentar la visión de un mundo diferente y más benigno.*

Ahora la pregunta es ¿qué estás dispuesto a ser y hacer para manifestar tu poder? Y otras más: ¿cómo eres un obstáculo para ti? ¿Lo que estás haciendo contribuye a que seas un mejor ser humano, a que disfrutes la vida? ¿Qué más lecciones necesitas vivir para experimentar una vida con propósito y significado?

Este estado interior determinará tu salud. Por lo tanto, entre mejor sea tu estado interno (el de tu alma) tendrás más salud, pero también más dinero, éxito, poder y amor. ¡Todo está ligado! Es importante que entiendas que todas las dificultades se van a materializar. El no tener lo que necesitas en realidad es una enfermedad del alma. Tener una dificultad existencial es igual a una enfermedad, es no estar en sintonía con el anhelo del alma. Siempre recuerda que tú eres el dueño de tu poder y destino, deja de entregarlos a cualquier postor.

Uno de mis autores favoritos en esta materia es el doctor Joe Dispenza. En su libro *Deja de ser tú* formula una pregunta fascinante que merece la pena tomarse el tiempo para responder, ya que está muy relacionada con lo que estamos explicando en este capítulo. Si estamos hablando de personas en su poder, es porque están viviendo la vida que quieren o dando los pasos necesarios para vivirla, es decir, están enfocadas en el futuro posible. La pregunta es la siguiente:

"¿Cuál es la mejor expresión de mí que me gustaría ser?"

Esto es, ¿en qué tipo de persona te gustaría convertirte para lograr todo aquello que necesitas? Mientras no diseñes tu personaje con claridad, mientras no sepas cómo caminaría, se vestiría, hablaría, se comportaría, qué haría, con quién se relacionaría, qué gustos tendría, cómo se sentiría, cuáles serían sus creencias, será más difícil tu transformación.

Es necesario que comiences a actuar "como si" ya fueras esa persona. Y de aquí en adelante es muy importante que estés consciente de ti el mayor tiempo posible, autoobservándote, a esto se le llama “metacognición”. La metacognición es la capacidad de observar (de una manera amable y amorosa con nosotros) nuestros pensamientos, sensaciones, emociones y conductas para romper con los viejos hábitos e integrar otros que nos lleven a un mayor nivel de conciencia y bienestar en el sistema cuerpo-mente. Pensar diferente para sentir diferente. Ya que, cuando vivimos con atención y amabilidad, permitiremos que la vida se despliegue ante nosotros con toda su grandeza y sabiduría. Si estás distraído, ten por seguro que tu realidad seguirá siendo la misma.

DISEÑA TU PERSONAJE

Imagínate que subes una escalera de diez pisos. La pared que la sostiene es de espejo. Sube al primer nivel y observa tu YO actual. Cómo estás vestido, cuál es tu postura, qué te dices y cómo te sientes en ese primer piso. Date el tiempo suficiente para hacerlo. Luego sube muy despacio cada uno de los escalones y ve diseñando a esa persona en la que te quieres convertir, hasta llegar al escalón diez, donde ya eres la persona. En cada peldaño analiza los siguientes elementos:

1. Cómo estás vestido.
2. Cuál es tu postura corporal y expresión facial.
3. Cuáles son las creencias positivas que te estimulan ahora y que te llevaron hasta donde estás.
4. Cómo te sientes (sensaciones).
5. Cómo te sientes emocionalmente.

VISUALIZACIÓN

Si te hicieran un reportaje dentro de tres años, ¿qué te gustaría que dijeran de ti?

Escríbelo.

EL SISTEMA DE ACTIVACIÓN RETICULAR (SAR)

Otro aspecto importante a considerar es que al estar conectados con la Fuente, Campo, Holograma o Universo podemos manifestar milagros. Esto significa que nos reconocemos como sujetos capaces de hacer realidad cualquier posibilidad. Si tan sólo comprendiéramos que la onda de información capaz de crear esta realidad ¡ya existe! Sólo necesitamos comenzar a vibrar en esa frecuencia, lo cual lograremos en el momento en que entremos en un estado de coherencia; es decir, cuando nuestros pensamientos, emociones y acciones estén alineados con el resultado deseado.

En este sentido, podemos ayudarnos de una herramienta muy poderosa: el sistema de activación reticular (SAR), el cual nos ayuda a enfocarnos en lo que queremos. Por ejemplo: cuando deseas comprarte un coche de una marca determinada, ¿no empiezas a ver muchos autos de esos en la calle? Esto se debe a que tu SAR se pone en acción en cuanto tienes claro tu objetivo. Yo lo uso de forma constante para encontrar información o relaciones importantes para mí en un momento dado.

El SAR es un mecanismo muy útil para encontrar los medios que te permitan lograr los fines que buscas. La claridad es tu fuerza porque concentra tus energías y alinea los esfuerzos hacia el logro de un objetivo. Dicho de otra forma, tus metas serán tanto más fáciles de conseguir, cuanto más concretas, específicas, detalladas, precisas, claras y nítidas sean.

Cuando esto sucede, el cerebro tiene una guía más pormenorizada para encontrar recursos, personas, herramientas. De otro modo estará disperso, difuso, confundido, despistado, no sabrá para dónde enfocarse, qué información asimilar y no estará preparado para procesar la información recibida de manera oportuna.

Si te fijas, en nuestro día a día ocurre lo mismo, pero no somos conscientes de su funcionamiento. Si vas en auto de la casa al trabajo, siempre llegas a tu destino. ¿Por qué? Porque tienes muy claro hacia dónde te diriges. A lo mejor la policía te desvía por el tráfico, quizá te equivocas de salida, puede que haya un embotellamiento que te obligue a tomar otras rutas, pero al final ninguno de esos inconvenientes te impedirá llegar al destino porque sabes muy bien hacia dónde te diriges y el cerebro encontrará de una u otra manera una solución para llegar.

Wayne W. Dyer afirma: "Si crees totalmente en ti, nada estará fuera de tus posibilidades." Tienes el cerebro, la capacidad, los recursos, las herramientas, las personas, todo lo necesario para crear tu realidad. Sólo debes desearlo con fuerza, trabajar duro y no desistir; siempre irán apareciendo las soluciones. No quieras ver todo el camino de golpe, cada paso te dará información sobre el siguiente. Sólo debes empezar a caminar en la dirección que deseas.

NUESTRAS CREENCIAS AFECTAN LA REALIDAD

Todos nuestros problemas y limitaciones en la vida se deben a nuestras creencias limitantes o patrones mentales porque a la mente le da lo mismo que la información sea verdadera o falsa; ella se la cree de todas formas. Por ejemplo, piensa en un limón. Imagina cómo lo partes, exprimes, saboreas... ¿Qué le pasa a tu boca? Salivas, ¿verdad? ¿Y dónde está el limón? Pues en tu mente. De manera que si crees que siempre te salen las cosas bien, te sientes querido, atractivo, sintiéndolo de corazón, para tu mente será verdad. Por el contrario, si crees que eres un tonto, que nadie te quiere, que no tienes éxito o frases de este tipo, lo vivirás como una realidad y te sentirás de acuerdo con esas creencias.

Se calcula que el ser humano tiene un promedio de entre 60 mil y 70 mil pensamientos al día. De ellos, 3-5% son conscientes, sucediendo a una velocidad de 40 bits por segundo, y 95-97% son inconscientes, sucediendo a una velocidad de 40 millones de bits por segundo. Por lo tanto, es mucho más activo el subconsciente que el consciente, ¿estás de acuerdo? Esto quiere decir que estamos diciéndonos cosas todo el día sin estar conscientes, pero viviéndolas como una realidad y, lo peor, manifestándolas.

Como ya sabemos, todos fuimos *programados* por nuestros padres y por figuras de autoridad, eso no es bueno o malo (ellos también lo fueron), sólo es la verdad. A partir de ahora te invito a cuestionar todo lo que has concebido como realidad, incluso lo que te estoy diciendo. En la medida en que puedas cuestionar tus creencias, te abrirás al mundo de posibilidades, integrando creencias más funcionales para ti.

¿Te acuerdas de la película *Matrix*? Neo comienza a deshacer el EGO (como la matrix con todos sus programas) para conectarse con su verdadera esencia y con su parte divina representada por el personaje de Morfeo. Literalmente, se trata de desestructurar tu realidad actual, salir del sueño o del mundo de la ilusión en el que estás atrapado (lo que tantas culturas ancestrales han dicho). Recuerda que para crear una nueva realidad necesitas ser la persona capaz de crearla, ya que la energía cambia la materia. De modo que si sigues siendo la misma persona con su mismo EGO, no estarás en poder de crear otra realidad. Sólo lo hará la persona que se atreva a convertirse en lo que quiere ser.

Aunado a esto, debemos considerar que los pensamientos son infoenergía, es decir, son ondas de información con frecuencias específicas que impactan a la materia. Esto ya lo sabemos: ¡nuestros pensamientos crean nuestra realidad! Esa realidad que muchas veces no nos gusta. Te recomiendo ver la película *¿Y tú qué sabes?* porque te ayudará a comprender esta información. Cuando la vi tuvo un impacto muy grande en mí, ya que me di cuenta de que, en efecto, yo creaba la realidad que no me gustaba. Mi pregunta después fue: ¿cómo puedo transformarla? Las respuestas comenzaron a llegar a mis manos sin buscarlas porque estaba preparada para dar el siguiente paso. Aprendí que si cambias tus pensamientos (con las emociones asociadas que te generen otras conductas o acciones) transformas tu realidad.

Asimismo, los pensamientos (al ser energía) no se crean ni se destruyen, sólo se transforman; es decir, no tienen principio ni fin, simplemente *son*. Se encuentran dentro del campo cuántico de información. Si dejas de vibrar en esa frecuencia, deja de impactarte esa creencia; por el contrario, si no estás vibrando en una frecuencia específica que necesitas, por ejemplo, si no vibras en la frecuencia de la abundancia, pues no tendrás abundancia, por mucho que te repitas todo el día "soy abundante". De tal manera que el cambio en nuestras frecuencias vibratorias es fundamental para crear una realidad mucho más plena y satisfactoria. Tu realidad es el resultado de lo que vibras. ¡Tienes lo que eres!

FÍSICA CUÁNTICA Y CREENCIAS

En *El arte de ensoñar*, Don Juan le dice a Carlos Castaneda:

> *Gastamos la mayor parte de nuestra energía sosteniendo nuestra importancia... Si pudiéramos perder parte de esa importancia, nos sucederían dos cosas extraordinarias. Una, liberaríamos la energía que se mantiene atada alimentando la idea ilusoria de nuestra grandeza; y dos, nos proveeríamos de suficiente energía para... vislumbrar la grandeza real del Universo.*

La física cuántica está creando una verdadera revolución acerca de cómo construimos nuestra realidad. Veamos algunos aspectos importantes.

Hasta hace pocos años, cuando se nos enseñaba la estructura del átomo, lo veíamos como una imagen plana en donde un núcleo tenía órbitas circulares a su alrededor, como una especie de sistema solar. En realidad esas órbitas son más bien como una nube donde las partículas subatómicas se mueven de forma constante, apareciendo y desapareciendo todo el tiempo. Cuando están "prendidas" o presentes, lo llamamos materia. Cuando están apagadas o no presentes, ¿dónde están? Esto dio pie a la teoría de los "universos paralelos o multiversos"; es decir, al mundo de las posibilidades, donde estamos conscientes de una sola realidad porque vivimos sólo desde nuestra percepción.

El espacio que hay entre las partículas subatómicas y el núcleo es enorme, como de los planetas al Sol, poniéndolo en perspectiva. ¿Esto qué quiere decir? Pues que la mayor parte de lo que llamamos materia es vacío. ¿Y cómo algo que en su mayoría es vacío puede ser material? Incluso las partículas subatómicas se partieron para ver qué contenían y encontraron el *quantum* (o cuanto, en español, por eso se llama física cuántica). Los cuantos se partieron y ¿sabes qué encontraron? Nada, vacío... a esto se le llama "la partícula de Dios".

En realidad la materia no es tan material como pensamos, ya que 99.99999% es vacío y sólo 0.000001% es materia. Lo que no sabíamos es que la materia en realidad es vacío y más bien son ondas de información. Incluso hoy se sabe que el ADN influye en lo que pasa en el campo. Como diría Jorge Blaschke en su libro *Lo que tú sabes*: "No se puede conocer con absoluta precisión, al mismo tiempo, el momento y posición de una partícula. Todo depende del punto de vista del observador." ¿Qué quiere decir esto? Que donde pones tu atención y tu intención se materializa. De tal manera que la realidad que estás viviendo en este momento es el efecto, no la causa que surgió de la observación. Por eso la frase tan conocida: "Ten cuidado con lo que pides, porque puede hacerse realidad."

Observa el video de Nick Vujicic, *El circo de la mariposa*. Como sabes, este hombre sin brazos ni piernas tiene una vida mucho más activa y poderosa que la de muchos de nosotros. En el video lo vemos en un primer circo muy lastimado en su dignidad, enojado, frustrado y resignado. En el segundo circo brilla en todo su potencial, sintiéndose alegre, motivado, trascendente y forma parte importante de su equipo. Y la realidad era la misma: seguía sin brazos ni piernas. Sólo cambió su óptica acerca de sí y de su situación. ¿Cuántas veces has sentido que no puedes salir adelante de un problema? Muchas, ¿verdad? Y cuando lo haces, sales fortalecido y sintiéndote muy orgulloso de ti. Es decir, cambia tu percepción acerca de ti y, por lo tanto, tu realidad. Bueno, pues esto lo puedes aplicar en toda tu vida. Recuerda que las creencias son pensamientos que en su gran mayoría no son verdad y que puedes transformar a tu favor.

Cuando cambiamos la forma de ver las cosas, las cosas cambian de forma... ¡literal!

En este espacio tan grande que hay en la materia están todas las ondas de información que unen al universo y todo lo que contiene. A esto se le llama "el campo". Todos estamos unidos por este campo u ondas de información. El todo afecta a cada una de las partes y cada una de las partes afecta al todo. ¿Te acuerdas de la película *Avatar*? El árbol al que se conectaban los seres de la película es una metáfora de "el campo". ¿Esto qué quiere decir? Que podemos acceder a cualquier información que nuestro sistema cuerpo-mente necesite a través de la kinesiología, pero también estamos intercambiando información con el entorno en todo momento sin importar el tiempo y el espacio. Todos los pensamientos y emociones que emites generan un impacto no sólo en ti, sino en los demás y en el entorno que te rodea, tanto para bien como para mal. ¿Qué pensamientos y emociones estás vibrando al universo?

LA VIBRACIÓN CREA LA REALIDAD

Como ya sabemos, las ondas de información crean la materia. Estas ondas se dividen en:

1. **Ondas eléctricas:** tienen menos impacto en la materia. Son las de nuestros pensamientos.
2. **Ondas magnéticas:** tienen mucho más fuerza que las eléctricas. Son las de nuestras emociones.

Estas vibraciones resuenan en el universo y funcionan como imanes que sólo atraen las mismas frecuencias. Por ejemplo, si tocas la cuerda de una guitarra en una habitación donde hay otra, comenzará a vibrar la misma cuerda de la segunda guitarra también sin que nadie la esté tocando. ¡Haz la prueba!

Lo semejante atrae lo semejante.

Por lo tanto, necesitamos estar en vibraciones más elevadas para generar una realidad mejor. Si ya sabemos que las emociones son las que tienen una mayor fuerza vibracional, obvio tenemos que enfocarnos en sentir emociones más positivas la mayor parte del día. No sirve de nada que medites en la mañana, hagas tus decretos, tu *collage*, escribas tu diario de gratitud o lo que sea, si cuando sales a la calle empiezas a sentir los mismos miedos de toda la vida, o comienzas a criticar, juzgar o quejarte de todo lo malo que te sucede. Es decir, atraerás a tu vida en lo que estés vibrando la mayor parte del día. A mayor vibración emocional, mejor realidad tendrás. Acostumbrarte a vivir en las emociones positivas es un proceso de crear nuevas redes neuronales a través de elegir en todo momento dejar de ser lo que eras para convertirte en lo que quieres.

PLANEANDO EL FUTURO ELEGIDO

A partir de este momento comprométete a tomar las decisiones y acciones necesarias que te llevarán a tu futuro elegido. ¡Atrévete a realizar tus sueños! Lo peor que puede pasar es que no te salga al primer intento, pero levántate, sacúdete y sigue adelante. Inténtalo una y otra vez. Recuerda la fórmula N+1: "Te puedes caer 'N' número de veces, pero levántate siempre 1 más."

El destino es de quienes están dispuestos a pagar el precio para lograrlo. ¿Estás dispuesto a pagar el precio de tu grandeza? Yo sí, porque lo que comenzó como un sueño hoy es una realidad para mí y para los que amo. Estoy consciente de que entre más me atrevo a ser yo, a compartir esto que soy y que hago con los demás, más recibo.

Nuestros pensamientos y emociones son los instrumentos con los que nos manifestamos, así que cuando tomemos la vida con la actitud adecuada, ganaremos el premio mayor. ¿Con qué actitud estás viendo la vida? ¿Como un problema o como una oportunidad de crecimiento? Si estás con una actitud de pequeñez, victimismo, problemas, sufrimiento, ¿cómo crees que vas a lograr tus sueños?

Escribe ahora ¿cuál es el precio que has pagado por entregar tu poder personal? ¿Qué tiene que pasar para que lo entregues? ¿Qué te haría decidir ya no hacerlo?

LA CHAMBA

UN CUENTO DE NAVIDAD

¿Recuerdas *Un cuento de Navidad*, de Charles Dickens? Narra la historia de un hombre avaro que no quería compartir su riqueza con una familia que era pobre y tenía un hijo enfermo. Para darle una lección, llegan tres fantasmas, uno del pasado, uno del presente y uno del futuro, y le muestran las consecuencias de sus acciones.

A continuación realiza el siguiente ejercicio, podrás dimensionar cuáles serán las consecuencias de tus acciones.

* **Primer paso:** recuerda todo el dolor que la condición que deseas cambiar te ha causado. Por ejemplo, si el cambio que quieres efectuar es realizar tu pasión, puedes recordar todos esos momentos del pasado en los que deseaste estudiar esa profesión o poner ese negocio y no te atreviste.
* **Segundo paso:** considera todo el dolor que te está causando esa condición que deseas cambiar en el presente.
* **Tercer paso:** imagina todo el dolor que experimentarás en el futuro si no cambias. El dolor de no poder realizarte de forma profesional, de permanecer en un trabajo que no te gusta por un sueldo y por una falsa seguridad.

* **Cuarto paso:** visualiza todo el placer que te aportará tener tu poder en el futuro.

Puedes lograr cualquier cosa que desees en la vida siempre y cuando sepas exactamente lo que quieres y para qué lo quieres.

PLAN PARA RECUPERAR TU PODER

Lo primero es saber en quién te quieres convertir (espero que a estas alturas del libro ya lo tengas bien claro). Ya que lo tengas escrito en un papel, sigue estos pasos:

1. Debes ser específico ya que al universo hay que pedirle en concreto. Entre más detallado seas, te entenderá mejor. Por eso es importante que escribas en papel qué quieres y en qué plazo, ya que de buenas intenciones está lleno el reino de los cielos...
2. Después visualízate realizando esto, como ya lo aprendiste a hacer en el capítulo 1.
3. Ahora elabora tu plan de acción, "el cómo" lo vas a lograr, qué recursos, herramientas, información o relaciones necesitas y en qué plazo. Escribe tus objetivos a uno, tres y cinco años.
4. Realiza estas acciones con disciplina y perseverancia, corrigiendo los errores cuantas veces sea necesario.
5. Pregúntate: ¿de qué manera lo que eres y haces agrega valor a la vida de las personas? ¿Cómo vas a contribuir para crear un mundo mejor? ¿Cómo te vas a sentir al momento de conseguirlo?

6. Actúa como si ya fueras, hicieras y tuvieras lo que anhelas lograr.
7. Comparte, comparte, comparte...
8. Toma el control de tu vida y hazte responsable de tus decisiones. Desarrolla tu metacognición para crecer en todo momento, observando tus miedos que se deben a una creencia de separación.
9. Pon amor en todo lo que haces, porque eso te asegura el resultado deseado. Ya que hasta lavar un simple vaso cobra sentido cuando se lo imprimes. ¿Para qué haces lo que haces?
10. Confía en tu intuición (nunca falla) y deja de escuchar a todos los vampiros emocionales a tu alrededor.
11. ¡Foco hacia lo que quieres! Deja de procrastinar y sigue construyendo tu destino. Recuerda que a cualquier cosa que le pongas atención, recibe energía y crece. Retírale la atención y muere.
12. Ten certeza, desapego y gratitud. Ya estás haciendo lo que está en tus manos, ahora deja que el universo se encargue del resto.
13. El cuándo, cómo y dónde son cuestiones del ego, no del espíritu. Así que, en lugar de pensar que sabes qué es lo mejor para ti, entrégate al Poder Superior: "Señor, hágase tu voluntad y no la mía."
14. Deja de juzgar y trata de aceptar y reconocer qué te está proyectando el otro. También deja de quejarte, porque eso te lleva a sentirte víctima en lugar de responsabilizarte en lo que puedes hacer. Por último, deja todas tus dudas y comienza a fluir con el plan

mayor. ¿Tú crees que un árbol se preocupa por vivir? No, ¡sólo vive!

15. Ayuda a otras personas a conseguir lo que quieres. Por ejemplo: si anhelas un novio, ayuda a tus amigas a buscar uno. Si deseas más ingresos, ayuda a los demás a obtenerlos.
16. Cuídate en todos los planos, ya que no podrás servir a los demás si no estás en las condiciones adecuadas. Ingiere alimentos energéticos que le aporten vitalidad a tu organismo. Haz ejercicio, medita, aliméntate de cultura y buena lectura, crea buenas relaciones, date tiempo para estar en la naturaleza y llenarte de las cosas simples que nos ofrece la vida.
17. Determina cómo inviertes tu tiempo. Recuerda que el tiempo es un recurso no renovable y que para alcanzar tus metas necesitas invertirlo de forma sabia. Deja de malgastarlo en cuestiones sin importancia como buscar likes en Facebook, contestar mensajes vanos, hablar con vampiros emocionales, ver televisión, etcétera.

MANIFESTACIÓN

Este ejercicio te ayudará a darte cuenta de cómo materializar lo que quieres lograr.

* Elige un objetivo a manifestar, algo que sea común pero raro. Por ejemplo, una mariposa azul, un Volkswagen rosa, unos zapatos morados, lo que quieras.

* ¿Cuándo fue la última vez que viste lo que deseas?
* Dedícate los próximos días a manifestar el objeto elegido. Por ejemplo, en el caso de la mariposa, puedes verla volando o dibujada en algún lado. Tienes que salir al mundo a buscarla.
* Precaución. Busca algo que no sea muy fácil de encontrar. No te fijes tanto en la forma.
* Escribe: "Voy a manifestar [la cosa]." Diario, durante diez días, imagínate viendo el papel y todas las maneras en que podrías manifestar eso. ¿Cómo te sentirás cuando lo materialices? Imagina lo feliz, seguro y orgulloso que estarás.
* Toma una foto o un video cuando lo logres. Esto permitirá que empieces a generar confianza.

DETERMINAR TU NIVEL DE DISPONIBILIDAD

¿Te animas a revisar a qué estás dispuesto y a qué no?

Escribe:

A. Cuando estoy en mi poder y éxito me siento:

B. Cuando no tengo poder o éxito me siento:

Ahora coloca la oración de la siguiente manera:

* Cuando digo que me siento poderoso o exitoso, en realidad estoy queriendo decir que me siento: [escribe lo que pusiste en A.]
* Cuando digo que no me siento poderoso o exitoso, en realidad estoy queriendo decir que me siento: [escribe lo que pusiste en B.]

Ahora viene lo bueno. Con lo que escribiste haz las siguientes afirmaciones:

* Estoy dispuesto a estar [escribe lo que pusiste en B]. ¿Qué ganas? ¿Para qué?
  ¿Te fijas cómo operamos desde el inconsciente? Por ejemplo, podemos decir que no queremos entregar nuestro poder y sentirnos víctimas y aun así lo hacemos. ¿De qué nos habla? De que quieres ser víctima porque en el fondo obtienes una ganancia secundaria.

Con lo que escribiste de ser poderoso y exitoso, cuestiona esto:

* ¿De verdad estoy dispuesto a ser poderoso y exitoso?
* ¿De verdad estoy dispuesto a [escribe cada uno de los adjetivos que pusiste en A]?

COSAS QUE TE HARÁN SENTIRTE MÁS PODEROSO Y EXITOSO

Escribe acerca de cada uno de los conceptos:

* ¿Qué significa para ti ser ____________ (A)?
* ¿Qué significa para tu familia ser ____________ (A)?
* ¿Qué pasaría si fueras ____________ (A)?
* ¿En quién te convertirías si fueras ____________ (A)?
* ¿A quién defraudarías si fueras ____________ (A)?
* ¿Cómo te juzgarían si fueras ____________ (A)?

Cuando nos enfrentamos a la realidad y vemos el trasfondo de las cosas, podemos transformarlas. Si te fijas, muchas veces hacemos o dejamos de hacer algo para no perder el amor, la aprobación o las ganancias secundarias que nos implica una condición.

Contesta las siguientes preguntas:

* ¿Qué harías si fueras poderoso y exitoso?
* ¿Cómo cambiaría tu vida?
* ¿Cómo cambiaría la vida de los que amas?
* ¿Cómo cambiaría la vida de los que te rodean?

Consejos:

Para tener maestría en algo hay que hacerlo, aunque al principio sea fingido, así que manos a la obra:

* Elige una acción concreta que te permita sentir cómo, según tú, te sentirás cuando seas poderoso y exitoso.
* Practícalo por dos semanas, todos los días.
* Escribe acerca de la experiencia.

Por ejemplo:

* Vístete y arréglate como lo haría alguien poderoso y exitoso.
* Actúa como si fueras alguien así.
* Elabora un discurso de presentación como si lo fueras.
* Elabora un perfil en Facebook acorde con tu objetivo.

Ahora dibuja una estrella de cinco picos. ¿Qué estás dispuesto a hacer para recuperar tu poder? Ponlo en el centro de tu estrella. En cada punta escribe cómo lo vas a lograr.

Repite: "Señor, envíame todo esto y mucho más. Pero sobre todo, envíame la luz para gestionar este poder."

¿Cómo te imaginas que vas a vivir los próximos diez años?

VISUALIZACIÓN: ACTÚA COMO SI...

Imagina que eres un actor o una figura pública muy importante, elige a alguien que admires. Cierra los ojos y visualiza que eres esa persona. Date el tiempo necesario para tomar posesión de tu personaje. Siente lo que es ser esa persona. ¿Qué emociones tendría? ¿Qué sensaciones en el cuerpo? Ponte en la postura corporal y gesto que tendría ese personaje. Permítete sentir qué es ser una persona famosa, exitosa, atractiva, segura, rica y poderosa. ¿Te es fácil? ¿Difícil? ¿Te la crees? ¿Es la postura que tienes ante la vida? Guarda estas sensaciones en tu cuerpo y actúa como si fueras el personaje todo el tiempo que puedas. Esto ayudará a que el sistema cuerpo-mente crea que puedes ser una persona así.

LA LISTA DE SUEÑOS

Hace algunos años asistí a un curso sobre la ley de la atracción, en el cual realicé el ejercicio de la lista de seuños. Al paso de tres años, acomodando unos papeles, encontré lo que había anotado, y me di cuenta de que estaba viviendo todo lo que había escrito, tal como lo había escrito. ¡Para mí fue impresionante!, ya que en el momento de hacerlo no tenía ninguna razón lógica para que se dieran esos cambios que quería. Así que te invito a que lo realices y confíes en el proceso de la vida.

Anota con cuidado lo que quieres en cada una de las siguientes áreas:

* **Salud:** figura, condición física, energía, vitalidad y bienestar.
* **Profesión:** objetivos profesionales, negocios, cargos.
* **Estudio:** diplomados, posgrados, cursos en el extranjero.
* **Metas personales:** relacionadas con lo que quieres ser, hacer y tener.
* **Dinero:** ahorro, inversiones, adquisiciones.
* **Relaciones interpersonales:** familiares, amigos, pareja, hijos, compañeros de trabajo.
* **Social:** contribución a la sociedad.
* **Recreación:** deportes, *hobbies*, vacaciones.

A continuación, realiza una visualización a cinco años:

(Puedes seguir esta visualización en los videos de RA de este capítulo o en www.elimartinezseruno.com/recursos).

1. Una vez que ya escribiste tu pliego petitorio, cierra los ojos, siéntate con los dos pies en el piso y la espalda recta. Inhala y exhala lenta y profundamente por la nariz, relajándote un poco más en cada respiración.
2. Ahora comienza a visualizar todo lo que escribiste. ¿Cómo estarás dentro de cinco años en cada una de las áreas de tu vida? Identifica dónde estás, con quién,

cuáles son los colores, sonidos, incluso aromas. Date cuenta de cómo te sientes y cómo se siente tu cuerpo.

3. Cuando sea suficiente para ti, imagina que encuentras a un amigo que no ves desde hace tiempo. Se saludan con mucho gusto y te pregunta cómo te ha ido. Le platicas con lujo de detalle todos los cambios de tu vida. Vuelve a registrar las emociones y sensaciones en tu cuerpo. Observa la reacción de tu amigo cuando le cuentas.
4. Una vez que hayas terminado de platicarle, quedan de verse para tomar un café y platicar más a detalle acerca de todos tus próximos logros. Se despiden y poco a poco, a tu ritmo y a tu tiempo, regresas al momento presente.
5. Cuando abras los ojos, le marcas a un ser querido (si nadie está contigo) y le platicas lo que visualizaste como si fuera tu amigo, es decir, lo dramatizas. Esto hará que te lo vayas creyendo y generes las emociones para crearlo.

Hacer este ejercicio te aclarará el camino. Por último, coloca la hoja en un lugar donde puedas verla al menos una vez por semana, esto le permitirá a tu mente encontrar los recursos necesarios para lograr tus metas.

"¿Y SI HOY...?"

Otro ejercicio muy poderoso es visualizar qué pasaría hoy si ocurriera lo que deseas... Atrévete a soñar en grande y visualizar todo lo que quieres manifestar, por pequeño o grande que sea y por muy cerca o lejos que esté de tu realidad.

La imaginación tiene un gran poder para que logres generar todo lo que quieres. De hecho, el cerebro no entiende la diferencia entre una imagen real o imaginaria. Por eso, la visualización es una de las herramientas más poderosas para manifestar.

Pero hazlo de una manera especial: tómalo como un juego; el juego de "¿y si hoy...?" Consiste en dejar volar la imaginación y visualizar qué pasaría si hoy ocurriera lo que deseas (por ejemplo, te sacas la lotería, aparece la casa de tus sueños, encuentras a la persona ideal, etc.).

La visualización es una de las herramientas más poderosas, pero una de las menos entendidas y poco usadas. Por eso, al plantearlo como un juego eliminas cualquier factor que ponga en riesgo tu visualización.

Permítete disfrutar de todo lo que imaginas y visualizas sin pensar en nada, sólo prestando atención a tus emociones. No juzgues, objetes ni analices nada. Todo eso hará que tus emociones se vuelvan más positivas, y te garantizo que te sentirás mucho mejor y con más motivación para seguir logrando todo lo que quieres.

EL VACÍO

Piensa durante unos minutos en algo que quieras manifestar y que todavía no hayas conseguido. ¿Qué es? Después piensa por qué todavía no lo tienes (¿qué espacios estabas llenando de forma innecesaria?) y a continuación crea de nuevo vacío.

Es decir, por ejemplo, si quieres una pareja, piensa qué espacio la está ocupando actualmente. ¿Te llenas de trabajo, internet o relaciones superfluas? Es importante que generes un espacio de tiempo y lugar para que llegue. Hazle espacio en tu clóset, en tu casa (de forma simbólica) y en tu vida.

CARTA A LOS REYES MAGOS

¿Te acuerdas que cuando eras niño les pedías regalos a los Reyes Magos con mucha ilusión? Bueno, pues vamos a poner manos a la obra e imaginar que nos van a conceder *todo* lo que queramos, ¡todo! Por favor, sueña en grande, suéltate el pelo, quítate mensajes internos como: "¿Será posible?", "Estoy pidiendo mucho", "¿Qué van a pensar de mí?"

Ahora saca una hoja de papel, ponla en forma horizontal y divídela en cuatro columnas.

* En la primera escribe SER
* En la segunda escribe HACER
* En la tercera escribe TENER
* En la cuarta escribe DAR

La mayoría pensamos que es "imposible" cumplir nuestros sueños, por eso necesitamos la pasión suficiente que nos mueva de donde estamos.

¿De verdad te emocionas por sobrevivir de forma económica o darte un pequeño gusto de vez en cuando?

Para estar tremendamente emocionado, necesitas metas muy grandes que te inspiren y transformen. Es momento de quitar tus miedos e inseguridades.

Vamos a empezar con TENER. Puede ser cualquier cosa que obtienes de forma física (casas, autos, joyería, barcos, juguetes caros, negocios, ingresos, relaciones). "Quiero tener esto, quiero tener lo otro." Sólo asegúrate de incluir muchas cosas materiales para que te diviertas, compartas y disfrutes.

Respira profundo, cierra los ojos e imagina que Dios, el universo o como quieras llamarle, te dio la habilidad de realizar todos tus sueños. Has sido transformado en la persona que sabes que está dentro de ti, la persona que siempre has deseado ser. Ahora abre los ojos y ¡escribe todo lo que quieres TENER!

Recuerda, no prejuzgues nada en absoluto. Siempre puedes hacer eso después. Suelta tu imaginación, y aunque no estés seguro de que lo deseas, escribe lo que aparezca en tu mente. Siempre lo puedes quitar de tu lista después. No te pierdas algo que deseas por dudar.

¡Para y tómate cinco minutos para hacer esto ahora!

Ahora, en la segunda columna escribe todo lo que quieres HACER. Una vez más, no prejuzgues, no te descalifiques. Recuerda, Dios te dará todo lo que escribas en los siguientes cinco minutos porque te ama demasiado y mereces recibir. Estoy hablando en serio; no dejes que la culpabilidad te atrape. Hoy sé niño; puedes regresar a ser adulto después. Es momento de dejarte llevar. ¡Deja volar tu imaginación! Quita todos los obstáculos. Puedes hacer lo que tú quieras. A lo mejor quieres estudiar en el extranjero, viajar por el mundo, casarte, salvar ballenas en Japón, aprender otro idioma, crear una gran empresa, saltar en paracaídas, hablar en público, etcétera.

¿Qué quieres hacer? Dedica cinco minutos a escribirlo.

Vamos al SER. Esta área afecta tu vida de forma masiva. ¿Recuerdas que trabajamos con Identidad? Bueno, con este ejercicio ayudarás a expandirla, ¡así que hazlo ahora mismo!

Escribe todo lo que te gustaría SER en tu vida, por ejemplo, rico, muy atractivo, exitoso, popular, líder, poderoso, etcétera. Puedes escribir el mismo deseo en las tres columnas (TENER, HACER y SER), no hay ningún problema.

¿Qué quieres ser? Tómate cinco minutos para escribirlo.

Por último, vamos a la columna del DAR, escribe todo lo que quieras dar o contribuir. Para muchas personas ésta es la meta más irresistible porque aquí es donde contribuyes con la humanidad e impactas en el mundo.

Escribe todo lo que te gustaría compartir, dar, aportar o colaborar. Pueden ser recursos, espacio, tiempo, herramientas o lo que quieras.

¿Qué quieres dar tú? Dedica cinco minutos a escribirlo.

¿Cómo te sientes ahora? ¿Cómo se siente tu cuerpo? Registra las sensaciones. Después lee la lista completa, establece un plazo para cada deseo y comprométete a realizarlos. Pueden ser automáticos, en días, semanas, meses o años.

Luego escribe otra lista donde organices tus sueños de acuerdo con el plazo propuesto, palomeando los que vayas cumpliendo. Te darás cuenta de lo orgulloso que te sentirás conforme los vayas materializando.

VERIFICACIÓN DE CREENCIAS

Ahora trabajemos con el test muscular para revisar tus creencias relacionadas con la autoestima, ¿te parece? Si no has instalado tu respuesta muscular, te recuerdo que puedes aprenderla en el link www.elimartinezseruno.com/recursos. Verifica cada uno de los incisos y marca los que responden *no* (donde no hay fuerza muscular), lo cual quiere decir que no estás vibrando con esa frase. Después realiza los ejercicios para integrar creencias positivas y cambiar frecuencias que se encuentran en el capítulo 1, en la página 42.

1. Soy poderoso.
2. Vivo desde mi poder.
3. Genero la vida que quiero.
4. Soy exitoso.
5. Soy creador de milagros en mi vida.
6. Tengo energía, salud y vitalidad en abundancia.
7. Tengo riqueza ilimitada.
8. Soy próspero.
9. Tengo prosperidad.
10. Asumo mi poder y lo uso para el beneficio de los demás.
11. Tengo recursos económicos ilimitados.
12. Tengo más recursos de los que necesito y me siento agradecido por ello.
13. Comparto mi abundancia con los demás.
14. Ayudo a los demás a recuperar su poder.
15. Ayudo a otros a desarrollar su potencial.
16. Despierto potencialidades en las demás personas.

17. Como tengo todo lo que necesito, me enfoco en otros proyectos.
18. Tengo abundancia de sobra.
19. Estoy conectado con la Fuente.
20. Vivo enfocado creando mi realidad con éxito.
21. Soy feliz.
22. Contagio mi felicidad a los demás.
23. Fluyo con la abundancia.
24. Estoy en sintonía y resonancia con la prosperidad.
25. Me es fácil manifestar milagros.
26. Me siento cómodo teniendo abundancia.
27. Me doy permiso de tener abundancia.
28. Me siento cómodo teniendo poder.
29. Acepto el poder que me corresponde por derecho de forma natural.
30. Confío que manifiesto lo que sea para mi mayor provecho y beneficio.

CONCLUSIÓN

> La inteligencia de la naturaleza funciona con toda facilidad, despreocupación, armonía y amor. Y cuando aprovechamos las fuerzas de la armonía, la alegría y el amor, creamos éxito y buena fortuna con gran facilidad. Un ser integral conoce sin viajar, ve sin mirar y realiza sin hacer.
>
> LAO-TSÉ

¿Te has fijado que a las personas exitosas y que están en su poder les pasan más cosas positivas? Y que, por el contrario, cuando las personas están en problemas, ¿les suceden más problemas? La Mente Universal o Dios es el principio vital de cada átomo que existe, ya que cada átomo está esforzándose para manifestar más vida; todos son inteligentes y todos están procurando llevar a cabo el propósito para el cual fueron creados. Por lo tanto, la intención que siembres se expande en el plano físico, ya que todo lo físico se crea primero en el plano de lo no físico. Así que, si quieres cambiar los efectos que tienes en tu vida, necesitas primero cambiar las causas y permitir que Dios opere en ti, en lugar de que tú le quieras dar instrucciones a Él.

Necesitamos darnos cuenta, aceptar y responsabilizarnos de que somos creadores de nuestra realidad. Que por ser hijos de Dios, hechos a su imagen y semejanza, poseemos las mismas cualidades que Él, que somos CREADORES en miniatura, capaces de realizar lo que queramos. Como me dijo el otro día una amiga: "Los osos dan ositos, los perros dan perritos, los gatos dan gatitos, por lo tanto, Dios da diositos", suena lógico, ¿no?

Y si somos creadores podemos manifestar lo que necesitemos de manera sencilla, abundante, constante y permanente. Una vez un chamán preguntó: "¿Qué harías si fueras Dios?" Me quedé muda en ese momento, me costó mucho trabajo contestar porque en realidad no me creía hecha a su imagen y semejanza. Tardé muchos días en asimilarlo. ¿Puedes contestar esa pregunta?

Es simple, si quieres más dinero, cambia tú; si quieres más amor, cambia tú; si quieres más satisfacción, cambia tú. Busca cuáles son tus creencias o emociones limitantes y recuerda tu conexión con Dios en todo momento. Pero, sobre todo, comienza a descubrir cuál es tu misión en la vida, cuál es el propósito de tu existencia que te apasiona de verdad y ponlo al servicio de los demás. Verás cómo las oportunidades llegan solas.

A partir de ahora, cada mañana antes de salir de casa, comprométete a encontrar por lo menos un milagro en tu día (de los muchos que pueden aparecer), a estar atento a los sucesos extraordinarios en tu vida, dispuesto a vivir desde tu poder, libre de todas las cadenas que te estaban atorando.

¡Felicidades! ¡Ya estás listo para transformar tu vida y desarrollar tu potencial! Tu proyecto de vida eres tú, te invito a que continúes con tu proceso de crecimiento para manifestar mejores resultados en tu vida y en la de las personas que te rodean. Recuerda que todos estamos conectados y que al aportar valor a la vida de los demás te estás aportando valor y felicidad a ti.

Me encantará saber tu opinión sobre este material y tus progresos a través de mi página www.elimartinezseruno.com o escríbeme a mi correo eliseruno@gmail.com.

¡Gracias por permitirme ser parte de tu proceso de crecimiento!

Eli Martínez

BIBLIOGRAFÍA

Antozoulatos, Evan G., y Earl Miller K., "Increases in Functional Connectivity between Prefrontal Cortex and Striatum during Category Learning", *Neuron*; 83(1) (2014): 216-25

Apuntes del diplomado en Conductas de Riesgo por Utopía Gestalt, Querétaro, México, 2010.

Arntz, William, Betsy Chasse y Mark Vicente; *¿¡Y tú qué sabes!?*, Madrid, Palmyra, 2006.

Ben-Shahar, Ben, *Ganar felicidad*, Barcelona, Integral, 2008.

Bucay, Jorge, *De la autoestima al egoísmo*, Buenos Aires, Océano, 2011.

Consultores sin Fronteras, *I Congreso No Miedo, construyendo la confianza*, edición a cargo de Helena Agramunt, Empresa Activa, Barcelona, Ediciones Urano, 2010.

Corbera, Enric, y Rafael Marañón, *Tratado de Biodescodificación*, Barcelona, Índigo, 2011.

Díaz, Luis, *Liberación de la Memoria Celular (CMR), cómo sanar nuestros patrones de conducta*, Buenos Aires, Kier, 2009.

Dispenza, Joe, *Deja de ser tú*, Barcelona, Urano, 2012.

———, *Desarrolle su cerebro, la ciencia para cambiar la mente*, Buenos Aires, Kier, 2007.

Ferrini, Paul, *Los 12 pasos del perdón*, España, El grano de mostaza, 2010.

Goleman, Daniel, *Las emociones destructivas, cómo entenderlas y superarlas*, España, Kairós, 2013.

________, *La inteligencia emocional*, México, Vergara, 2000.

Greg, Braden, *La Matriz Divina, un puente entre el tiempo, el espacio, las creencias y los milagros*, Sirio, 2012.

Hawkins, David R., *Dejar ir, el camino de la liberación*, Barcelona, El grano de mostaza, 2015.

________, *El poder contra la fuerza, los determinantes ocultos de la naturaleza humana*, Estados Unidos, Hay House, 2012.

Hay, H. Louise, *Tú puedes sanar tu vida*, México, Diana, 1991.

Jackson J., Adam, *Los 10 secretos de la riqueza abundante*, Barcelona, Sirio.

Jericó, Pilar, *No miedo en la empresa y en la vida*, Barcelona, Booket, 2014.

Jodorowsky, Alejandro, y Marianne Costa, *Analizar nuestro árbol genealógico*, Buenos Aires, Sudamericana, 2011.

Kübles Ross, Elizabeth, *On Death and Dying*, Nueva York, Scribner, 1969.

Levy, Norberto, *El Asistente Interior, los mecanismos de la autocuración psicológica*, Buenos Aires, RBA Libros, 2005.

________, *La sabiduría de las emociones*, Barcelona, Plaza & Janés Editores, 2000.

Lipton, Bruce, *La biología de la creencia*, México, Gaía, 2010.

Lomar, Jorge, *Vivir el perdón*, Barcelona, El grano de mostaza.

Monteserrat, Javier, "Engramas neuronales y teoría de la mente", *Pensamiento*, Vol. 57, Nº 218, 2001, págs. 177-211.

Muñoz Polit, Myriam, *Emociones, sentimientos y necesidades, una aproximación humanista*, Instituto Humanista de Psicoterapia Gestalt, 2009.

Nelson, Bradley, *El Código de la Emoción*, Mezquite, Nevada, Wellness Unmasked Publishing, 2007.

Puig, Mario Alonso, *Ahora yo*, Barcelona, Plataforma Editorial, 2011.

Punset, Eduardo, *El alma está en el cerebro*, México, Aguilar, 2006.

Punset, Elsa, *Brújula para navegantes emocionales*, España, Aguilar, 2010.

Samsó, Raimon, *El Código de la Manifestación*, Barcelona, Obelisco, 2016.

Selby, John, *Una mente serena*, Vergara, Barcelona, 2009.

Seligman, Martin E. P., *Aprenda optimismo*, México, Debolsillo, 2008.

Shostrom, Everett L., *El Manipulador*, México, Unicornio, 1982.

Wallace, Alan, y Paul Ekman, en coordinación con el Dalai Lama, *Cultivando Balance Emocional (CBE), Guía de Maestro*, Santa Barbara Institute for Consciousness, 2011.

Wheeler, Gordon, *Vergüenza y soledad, el legado del individualismo*, Cuatro Vientos, Santiago de Chile, 2005.

ACERCA DE LA AUTORA

María Elena Martínez Aguado, mejor conocida como Eli Martínez, es originaria de la Ciudad de México, estudió Administración de Instituciones en la Universidad Panamericana y trabajó durante varios años en el ramo de Alimentos y Bebidas. Su vida profesional dio un vuelco de 360 grados al encontrar su pasión y estudiar Desarrollo Humano y Psicoterapia, formándose en diversas técnicas y corrientes que la llevaron a ser una Especialista en Empoderamiento Personal y Organizacional dedicada a ayudar a otras personas a desarrollar todo su potencial en las diferentes áreas de su vida. Participa activamente en diversos medios de comunicación como Cablecom, EXA FM, Kiss FM, *El Universal*, *Mujer in time*, entre otros. Tiene una larga trayectoria como facilitadora de grupos a nivel organizacional, así como, en el Instituto Ser Uno, del cual es fundadora. Es conferencista a nivel nacional e internacional donde ha tenido grandes satisfacciones en diversos países del mundo. Su basta experiencia dando terapias, cursos y conferencias, la encaminaron a escribir este libro sobre la metodología Ser Uno donde plasma el resultado de sus aprendizajes a lo largo de todos estos años de trabajo personal, así como, con pacientes y alumnos, pretendiendo ayudar a más personas de una manera práctica y sencilla a transformar sus vidas de una manera positiva.

* Sitio web: www.elimartinezseruno.com
* Correo: eliseruno@gmail.com
* Facebook: Eli Martínez Especialista en Empoderamiento
* YouTube: Eli Martínez Ser Uno
* Instagram: @elimartinezseruno
* Twitter: @maema27

Crea una vida a tu medida de Eli Martínez
se terminó de imprimir en febrero de 2019
en los talleres de
Litográfica Ingramex, S.A. de C.V.
Centeno 162-1, Col. Granjas Esmeralda, C.P. 09810
Ciudad de México.